골드 핑거, 신이 내린 한의사

Gold Finger

명의이기보다 의로운 의사이기를

자연의 의술, 한의학의 힘

차도르를 쓴 한의사

골드 핑거 신이 내린 한의사

경희대학교 출판문화원

영림한의원 진료실에서 (2016년 11월)

때로는 원장실에서 후배들에게 한의학에 대한 강의를 한다 (1997년 9월)

▲ KBS 〈무엇이든 물어보세요〉(1995년 11월)와 SBS 〈출발모닝와이드〉(1997년)에 출연했을 때

▼ 전국 여한의사대회에 참석하여 강연을 했다 (2002년 8월)

《조선일보》에서 후원한 특별 강연회에 앞서 주최 측과 함께 (2001년 12월)

한의학 박사학위 수여식장에서 (2003년 2월)

▲ 영림빌딩 신축 기공식 (2003년 4월)

▼ 서초동에 신축한 영림빌딩 (2004년)

경희대학교 신년교례회에서 조인원 총장(오른쪽에서 두 번째)과 함께 (2008년 1월)

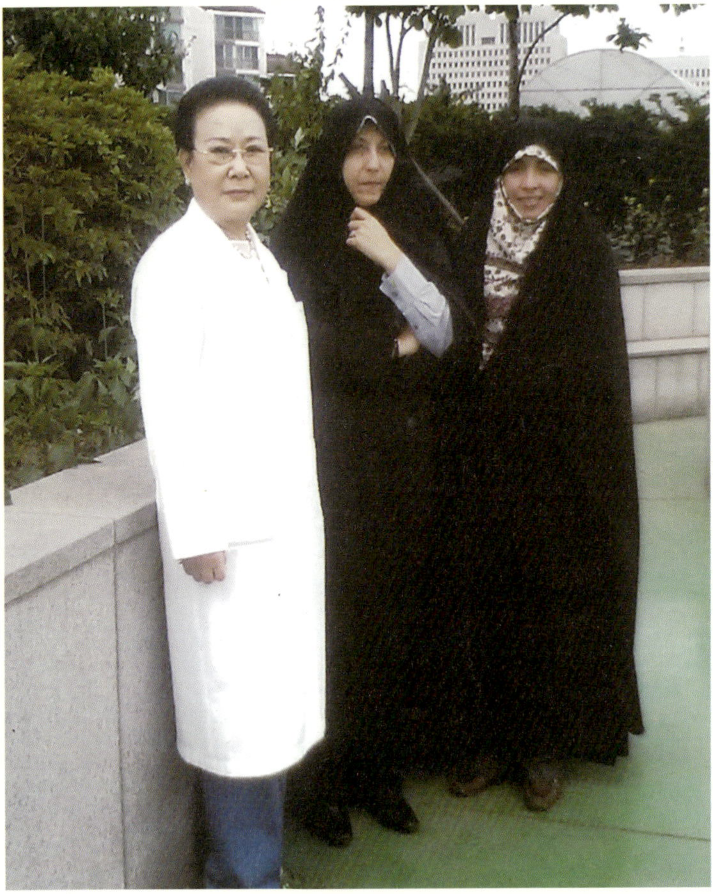

영림한의원 옥상 라운지에서 한국을 방문한 이란인 친구들과 함께 (2008년)

한국여성단체협의회의 글로벌 여성리더십아카데미 수료식에서 (2011년, 앞줄 왼쪽에서 다섯 번째가 필자)

세종르네상스 2기 수료식에서 (2009년 8월, 앞줄 왼쪽에서 네 번째가 필자)

경희대학교 총동문회 신년교례회에서 자랑스러운 경희인상을 수상했다 (2010년 1월)

경희대학교 총여성동문회 여성총회에서 (2011년, 가운데가 필자)

경희대학교 총동문회 신년교례회에 참석한 총여성동문회 회원들과 함께 (2013년,
앞줄 왼쪽에서 세 번째가 필자)

육군사관학교 양종수 교장으로부터 육사발전기금 헌금 감사장을 받았다 (2014년 10월)

필자가 이사장을 맡고 있는 국가안보포럼에서 특강을 한 조은희 서초구청장에게 감사패를 전달했다 (2015년 2월)

발간을 축하하며

한의학은 경희대학교 학풍을 이루는 기둥 중 하나입니다. 경희의 한의과대학은 1960년대 중반 설립된 이래 오늘에 이르기까지 한의학의 사상적 흐름을 계승하고 한국 전통 의학을 국제 사회에 널리 알리는 데 기여해왔습니다. 근래 들어 서양 의학과의 대화와 협력을 증진하면서 한의학의 미래 가치, 보편 가치의 저변을 확장하고 있습니다.

경희의 한의학은 경희학원 설립 취지와도 그 맥을 같이합니다. 생명과 우주, 인간과 자연의 인과론적 고리를 찾아 나서는 지성사적 노력입니다. 이 기조는 자연과학, 인간과학에서도 큰 관심을 기울여온 근대 인식론의 한 축입니다. 특히 교류와 소통, 융합이 유례없이 강조되는 이 시대, 물질과 의식, 몸과 정신의 전일적 연관성을 찾아 나서는 일은 첨단 물리학, 뇌과학, 사회과학 등의 분야에서 미래 지향의 새 가치로 폭넓게 자리 잡고 있습니다.

이영림 동문은 한의학 국제화에 열정과 헌신의 노력을 기울이신 분입니다. 한평생 한의학의 역사와 함께하셨습니다. 60년대 말 뒤늦게 대학에 입학했지만 열정적인 자세로 한의학 세계화에 나섰습니다. 인류의 건강 증진을 위해 한의학이 왜 필요하며 무엇을 해야 하는지, 앞선 안목과 혜안을 갖춘 분입니다. 국제화, 세계화라는 말이 낯설었던 70년대 초, 한의학의 미래를 선도하는 도전적 인생의 길을 걸었습니다.

한의사로서 펼친 이영림 박사의 의술 세계는 낯선 '태양의 땅' 이란에서 탁월한 침술로 현지 사람들을 매료시켰습니다. 그 후 오랜 기간 이란 왕실 주치의로 활약하면서 한국 전통 의학의 우수성을 신경외과학과 접목해 널리 알렸습니다. 그의 도전 정신은 한국의 세계화, 학문의 지구화를 구현해온 경희의 학풍과 다르지 않습니다. 서로 다른 철학과 이론, 인식의 경계를 넘나들며 학문과 실천의 인류사적 보편 가치를 찾아 나서는 역사와 전통에 기초하고 있습니다.

이영림 동문이 쌓아 올린 필생의 헌신적 업적은 개인의 성취를 넘어 우리 사회의 성취입니다. 그의 삶과 지혜의 지평이 응축된 자서전 발간을 축하합니다. 이번에 발간되는 자서전이 세계와 미래에 도전하는 청년들에게 널리 읽히기를 기대합니다.

조인원(경희대학교 총장)

추천의 글

이영림 선배는 한의학계에선 매우 유명한 분입니다. 이란에서 왕실 주치의로 활동한 것 외에도 귀국해 보여준 많은 사회활동과 학술 활동으로 인해 한의학계에서 명망 있는 인사로 널리 알려져 있습니다. 오래전부터 그 명성을 듣기만 하다가 수년 전 어느 날 지근거리에서 뵐 기회가 생겼습니다. 화려한 명성과 선배님의 당당한 모습에 늘 멋지다는 인상을 받았지만, 가까이에서 뵈니 더욱 자상하고 배려심 많은 분이라는 것을 느낄 수 있었습니다.

이런저런 말씀을 나누다 선배님이 그동안 경험한 인생의 많은 일들이 후배들에게 귀감이 될 만하다고 생각해 자서전을 권해 드린 것이 이렇게 결실을 맺는 것을 보니 그 결단력에 더욱 놀라움을 금치 못하겠습니다. 역시 선배님은 한번 하겠다고 마음먹으면 해내고야 마시는 모양입니다.

이영림 선배는 평생 연구한 한의학에 대해 남다른 자부심을 가지고 계십니다. 말씀마다 이란에서 침으로만 병을 치료한 이야기를 해주시면서 시간 가는 줄 모르고 흥겨워하셨습니다. 저는 이러한 말씀을 들을 때마다 한의학에 대한 자부심이 불끈불끈 생겨나는 것을 가슴속에서부터 느끼게 됩니다. 지금 이

시대 한의학의 화두는 세계화입니다. 세계화에 대해 엄두도 내지 못하던 시절에 외국에 나가 세계화에 앞장선 이영림 선배는 시대를 미리 예견하는 혜안이 있으셨던 것이 아닌가 생각됩니다.

이영림 선배가 늘 강조하는 도전 의식과 시련을 극복하는 인내심은 어쩌면 인생을 살면서 당연히 따라야 할 삶의 원칙이라고 생각합니다. 아무 목표 없이 그저 하루하루 살아가는 후배들에게 선배님은 해주고 싶은 이야기가 많으셨던 것 같습니다. 무엇보다 후배를 사랑하는 선배님의 마음이 책 속에 듬뿍 담긴 것이 느껴집니다.

이 책이 세상에 나올 수 있도록 수십 년의 시간을 당당하고 멋지게 살아오신 선배님께 다시 한 번 감사드립니다.

이재동(경희대 한의과대학장)

출간에 부쳐

청강한의학역사문화연구센터는 경희대학교 한의학의 인문학적 가치를 높이기 위해 지난 2015년 문을 열었습니다. 현재 청강한의학역사문화연구센터는 각종 학술대회 주관, 저역서 발간, 한의학 관련 역사 문화유적 답사, 한의학 문화 콘텐츠 발굴 등 인문학과 연계된 다양한 한의학 연구 활동을 진행하고 있습니다. 이 책은 청강한의학역사문화연구센터의 취지에 입각해 기획된 사업의 첫 결실입니다.

경희대 68학번이신 이영림 원장님은 대학 시절 팔레비 전 이란 국왕의 저서를 우리말로 번역한 것을 인연으로, 정부의 초청을 받아 이란을 방문하셨습니다. 그곳에서 선보인 침술이 널리 알려지면서 이란 왕실 주치의로 활동하셨습니다. 20년 가까운 세월을 이란에서 보내고 귀국한 이후에도 국내에서 진료를 계속하며, 바쁜 와중에도 효애실천운동본부, 국가안보포럼 등을 통해 활발히 사회 활동을 하고 계십니다.

이 책은 《조선일보》 자매지인 월간 《이코노미조선》 2015년 5월호에 실린 "이란 왕실 주치의 이영림 영림한의원 원장의 삶과 꿈"에서부터 기획이 시작되었습니다. 지면에서 다 하지 못한 이야기를 펼쳐 후학들에게 귀감이 되길 바라는 마음에서 청강한의학역사문화연구센터가 이 자서전을 기획하게 되었습니다. 이영림 원장님이 직접 작성한 원고와 사진이 모태가 되었고 이후 추가 조사를 통해 내용을 보충, 완성했습니다.

자서전의 발간이 성공적으로 수행될 수 있도록 음양으로 도움을 주신 이재동 학장님과 취재와 조사를 담당하고 아낌없이 자료를 제공해준 《시사저널》의 송창섭 기자님께 감사의 말씀을 드립니다. 아울러 마지막까지 원고 교정과 탈고에 인내심을 발휘한 경희대학교 출판문화원에도 감사드립니다.

김남일(청강한의학역사문화연구센터장)

들어가는 말

저는 뭐든 포기하지 않고 나름대로 자부심을 갖고 인생을 살아왔다고 생각합니다. 제가 살아온 것보다 훨씬 나은 환경과 조건에서도 쉽게 포기하고 도전 의식이 없는 후배들을 볼 때면 안타까운 마음에 무언가 이야기를 해주고 싶어지곤 합니다. 그래서 공적인 혹은 사적인 자리에서 제 이야기를 전하기도 합니다. 그러나 막상 자서전을 펴내자니 새삼 어떤 책임감에 마음이 무거워져 주저하게 됩니다.

제가 살아온 인생이 그리 대단한 것은 아니지만 남들과 다른 삶의 여정을 거친 것이 분명합니다. 행여 몇 사람에게라도 도움이 될 거라는 마음에서 집필을 시작했지만 책으로 출간하자니 부끄럽기도 합니다.

앞으로 살날이 살아온 날보다 많지 않을 것을 알지만, 전 아직도 해야 할 일이 많고 하고 싶은 것도 많습니다. 특히 쉽게 포기하고 목표를 놓치고 사는 젊은이들을 보면 끝없이 목표를 위해 달려온 제 이야기를 더욱더 들려주고 싶습니다. 동년배들과도 저의 삶을 성공으로 이끈 순간순간의 선택과 판단, 포기하지 않고 힘을 내왔던 저의 이야기를 함께 나누고 싶었습니다.

제가 살면서 겪었던 독특한 경험이 이 책을 읽는 많은 분의 마음속 깊이 전해지기를 바라면서 저의 부끄러운 마음을 거두려고 합니다.

이 책이 세상에 나오는 데 물심양면 도움을 아끼지 않으신 모교 경희대학교 조인원 총장님과 한의과대학 김남일 전 학장님 그리고 《시사저널》 송창섭 기자님께 감사의 인사를 드립니다.

2018년 한가을에

이영림

차례

프롤로그

테헤란 시민들, 골드 핑거를 외치다

1978년 12월 10일. 평소처럼 이란의 수도 테헤란 시내는 조용했다. 나는 여느 때처럼 아침 일찍 택시를 타고 테헤란 북쪽에 위치한 타즈리시 메디컬 센터(Tajrish Medical Center)로 향했다. 테헤란의 새벽 공기는 늘 그렇듯 신선했다. 하지만 거리는 이상하리만큼 한산했다. 그날은 평상시보다 더 그랬다. 폭풍 전의 고요함, 딱 그것이 정확한 표현이다.

당시 이란 정국은 혼란의 연속이었다. 집권 세력인 팔레비 왕조는 석유 국유화로 벌어들인 막대한 자금을 가지고 근대화를 시도했지만 이슬람 원리를 중시하는 종교계와 잦은 갈등을 빚어야 했다.

집권 세력의 부정부패는 빠른 민심 이반으로 이어지면서 이란 혁명의 시위를 당겼다. 1978년 1월 성지 '콤(Qom)'에서 시작된 반정부 시위는 그해 9월, 정부가 총파업에 돌입한 시민들에게 발포함으로써 전국적인 유혈 혁명으로 번졌다. 한국에서 한 번도 경험하지 못한 유혈 시위가 내 눈에는 이상하리만큼 낯설게 느껴졌다. 이란 전역이 시위로 몸살을 앓던 때, 나는 세계의 이목이 집중된 이란에서 나름대로 멋진 나날을 보내고 있었다.

그날 택시에서 내리자마자 병원 진료실로 들어간 내 눈에 창문 옆 베란다에 늘어선 정체 불명의 병들이 들어왔다. 다가가서 자세히 보니 빈 병에 휘발유를 담은 다음 거즈로 심지를 만든 화염병이었다. 순간 이상한 생각이 들어 남자 간호사 캬레미를 불렀다.

"이봐요! 캬레미, 이리 좀 와봐요. 대체 왜 여기에 저런 게 놓여 있지요?"

"쉿! 닥터 리, 모른 척하세요."

"이봐요! 캬레미, 만약 산탄이라도 날아와 화염병에 맞으면 당장 내가 다치는데 무슨 소리예요! 어서 다른 곳으로 치워요. 이 사람이 지금 여기가 어딘 줄 알고……."

"닥터 리, 걱정 마세요. 10시가 되면 시민 모두가 손에 무기를 들고 나와 왕궁으로 향할 겁니다. 화염병은 군인이나 경찰들에게 던지려고 준비해둔 것이니 안심하세요."

캬레미는 시민 혁명군에서 오랫동안 요직에 있던 인물이었다. 그와 이야기를 나누는데 문득 예전에 그에게 한 말이 떠올랐다.

몇 달 전 테헤란 시내에서는 어린아이들 몇 명만이 골목에서 나와 "팔레비는 물러가라!" 하고 구호를 외치고는 쏜살같이 사라지곤 했다. 이슬람 규율에 따르면, 14세 이하 어린이는 반정부 시위에 나서다 붙잡혀도 처벌 받지 않을 가능성이 높다.

"캬레미, 저거 뭐 하는 거예요? 아이들만 나와서 구호를 외치고는 도망가고. 뭔가 강력하게 요구해야 정부가 생각을 바꾸지 않겠어요?"

당시 무심결에 내가 던진 말이 현실로 이어져 더욱 긴장이 되었다. 캬레미의 말처럼 그로부터 몇 시간 후 테헤란 시내로 수십만 명의 시민들이 쏟아져 나왔다. 총격전이 벌어졌는지 시내 곳곳에는 총성이 울려 퍼졌다. 어느새 병원은 부상당한 시민들로 북새통을 이루었다. 그렇게 몇 시간이 흘렀을까. 시곗바늘은 오전 11시를 향해 있었다. 잠시 후 외래병동 책임자가 헐레벌떡 뛰어왔다.

"닥터 리, 지금 여기서 뭐 하는 겁니까? 상황 파악이 안 돼요? 다른 의사들은 모두 몸을 피해 집으로 돌아갔는데, 여기서 환자나 보고 있을 거예요?"

정신없이 환자를 치료하다 보니 퇴근 시간이 다가온 줄 꿈에도 몰랐다. 병원 밖 거리는 구름같이 모여든 시위대로 발 디딜 틈 없이 빽빽했다. 시위대를 뚫고 집으로 간다는 것은 불가능에 가까웠다. 택시를 부르자 캬레미가 뛰어나왔다.

"닥터 리, 이대로 나가시면 큰일 납니다. 왕실과 한통속인 외국인 의사로 오해 받을 수 있으니 의사 가운을 입고 가방을 드세요. 그리고 누가 물어보면 왕진 간다고 말하세요."

병원 밖 사정은 생각보다 심각했다. 성난 군중은 왕실과 관련된 사람은 보이는 대로 난타할 기세였다. 이 상황에서 여자 혼자의 몸으로 시위대를 뚫고 집으로 돌아가는 것은 불가능해 보였다. 하지만 순간 택시 운전사의 기개가 돋보였다.

그는 성난 군중을 향해 외쳤다.

"이분은 우리 이란에 병든 사람을 치료하러 온 아주 훌륭한 의사입니다. 지금 환자를 치료하기 위해 나서는 것이니 길을 비켜주세요. 하늘이 보내준 골드 핑거(gold finger)예요. 손만 대면 어떤 병이 걸렸는지 아는 골드 핑거요."

그러자 수 킬로미터 늘어선 군중이 물길 갈라지듯 양 갈래로 나뉘어졌다.

제 1 장

당당한 한의사로
고집불통 시골 소녀가

꿈 많던 청도에서의 어린 시절

내가 태어난 곳은 경상북도 청도군 매전면 두곡2리다. 당시 나의 아버지는 일제에 반대하여 독립운동을 하신다고 거의 1~2년에 한 번씩 집에 오셨다. 아버지는 일본군의 모진 탄압을 피해 할머니 고향으로 피난을 가셨는데, 그곳이 바로 청도였다. 나 역시 어릴 적 청도에서 국민학교(지금의 초등학교)를 다녔다. 청도는 나에게 많은 추억을 선사한 곳이다. 청도의 푸른 들녘은 지금도 내 머릿속에 선명하게 남아 있다.

내 스스로 말하기 부끄럽지만, 어린 시절부터 나는 총명하다는 소리를 많이 들었다. 독립운동을 하셨던 아버지의 영향을 많이 받아서였는지 겁도 별로 없었다. 여자였지만 기백도 대단했다. 지금은 잠이 다소 늘었지만, 젊은 시절에는 하루에 세 시간만 자고도 생활하는 데 전혀 무리가 없었다. 그만큼 체력 하나만큼은 자신 있었다. 내 주변 친구들이 하루에 대여섯 시간씩 잠을 자는 것을 보며, '쟤는 저렇게 잠을 많이 자고 언제 공부하려고 하나?'라는 생각을 많이 했다. 밤이 새도록 공부하는 날도 일주일에 두세 번씩 있었다. 그만큼 잠은 나에게 공부를 방해하는 존재가 되지 못했다.

어릴 적 청도읍에는 한 달에 두 번씩 큰 시장이 열렸다. 1949년 여름 어느 날, 어머니는 다가오는 출산을 준비하기 위해 집에서 일하던 머슴을 데리고 청도읍에서 열린 장에 가셨다. 전기조차 없었던 그 시절, 나는 방에서 호롱불을 켜고 숙제를 하고 있었다. 그때 방문 창호를 뚫고 총구로 보이는 기다란 쇠꼬챙이 같은 것이 쑥 들어오는가 싶더니 "손들어" 소리와 함께 창호지 여닫이문이 열렸다. 그런데 밖에 서 있는 아저씨들은 처음 보는 사람들이었다. 당시 우리 마을은 가구 수가 15~16개 남짓 되는 자그마한 마을이라 이웃집에 숟가락이 몇 개 있는지까지 알 정도로 가까웠다. 건장한 청년 두 사람의 말에 나는 손부터 들었다.

"너희 집 식구들은 다 어디 갔노? 와 니 혼자 있노?"

집에는 나 말고도 둘째 언니와 할머니가 있었는데, 나는 차마 그들이 옆방에 있다고 말할 수가 없었다. 나 혼자 위험한 것은 상관없지만, 내 잘못으로 두 사람까지 위험해지는 것은 원치 않았다. 더군다나 할머니께서는 그날 밤 이상하게도 동네 개들이 짖고 낯선 사람들이 늦은 밤까지 걸어 다니는 발자국 소리를 듣고는 서둘러 호롱불을 끄신 상태였다. 내가 말만 하지 않으면 아무 문제가 없었다. 어린 나이였지만 나는 대차게 그들을 대했다. 마치 어른처럼 말이다.

그날 밤 내 방문을 연 사람들은 빨치산* 이었다. 당시 청도에는 산에서 빨치산이 내려올 수 있으니 집집마다 문단속을 잘해야 한다는 말이 돌았는데, 그 무시무시한 빨치산이 나 혼자 있는 내 방 앞에서 문을 열고 총을 겨냥하고 서 있었다.

"아무도 없심더. 어무이는 일하는 사람하고 장에 가셔서 지금 집에는 지밖에 없심더."

"그래? 그럼 니라도 퍼뜩 밖으로 기 나와라!"

빨치산을 따라 동네 서낭당 뜰로 가니 이미 동네 사람 수십 명이 나와 있었다. 젊은 사람들은 청도읍에서 열린 장에 간 터라 마을에 남아 있는 사람들은 대부분 나이가 많으신 할머니, 할아버지뿐이었다.

"지금부터 한 번만 말할 테니 잘 알아들으이소. 자, 지금부터 모두 2열 횡대로 서이소. 빨리, 빨리!"

---

* 빨치산은 1945년 해방 이후부터 1948년 여순반란사건과 1950년 한국전쟁을 거쳐 1955년까지 남한에서 활동했던 공산주의 비정규군을 말한다. 지리산을 중심으로 전라도와 경상도 전역에서 출몰했던 비정규 유격 군대였다. 여순반란사건 이후 국군의 대대적인 토벌 작전으로 산속에 피신해서 국군의 토벌을 피해 주로 야간이나 치안이 약한 지역에서 활동하였고, 1955년 7월 1일 국군 서남지구 전투사령부가 정식으로 해산되기까지 활동하였다.

평생을 두메산골에서만 살아온 어르신들이 2열 횡대라는 말을 알아들을 리가 없지 않은가. 그래서 모두들 서로 얼굴만 보고 우물쭈물 서 있었다. 그러자 두 사람 중 계급이 높아 보이는 사람이 개머리판으로 노인 몇 사람을 내리치며 화를 냈다. 우물쭈물하다가는 여러 사람이 다칠 것만 같았다.

"할머니, 할아버지, 옆으로 두 줄로 서이소. 2열 횡대라는 말이 그 소리인 깁니더. 안 서면 맞으니까 빨리 서이소. 그리고 아재들, 거 좋게 말하시면 되지, 이분들이 2열 횡대라는 말을 어떻게 알아듣고 서겠습니꺼? 그니까 때리지 말고 말로 하이소. 제발 때리지 마소."

비록 나이는 어렸지만 내가 당차게 말하자, 두 사람은 때리는 것을 멈추고 다시 사람들 앞에 섰다.

"번호!"

"일, 이, 삼, 사, 오……. 번호 끝."

"좋아. 그럼 이 동네에서 글을 읽을 줄 아는 여자 있으면 앞으로 나와."

순간 뒤에서 누군가 수군댔다.

"이 동네에서 글 좀 읽을 줄 아는 사람은 저기 영림이네밖에 없는데…… 우짜믄 좋노?"

순간 나는 머릿속이 복잡해졌다.

'이거 큰일 났네. 이러다 우리 어무이를 저놈들이 데리고 가면 우짜나? 글을 읽는다는 이유로 말이지.'

결국 나는 손을 들고 이렇게 당차게 말했다.

"저기 아재, 이 동네에서 글 좀 읽을 줄 아는 사람은 우리 어무이밖에 없심더. 그런데 우리 어무이는 지금 임신 중이라 안 됩니더. 임신 9개월이라 아무 일도 할 수 없심더. 그러니 우리 어무이 시키지 말고 지를 시키이소. 간단한 심부름이라믄 지가 할 수 있심더. 뭔 일을 하믄 됩니꺼?"

"니가 뭐를 안다고 끼노? 니 글 좀 읽을 줄 아나?"

"그라믄예. 동네 다니면서 소식을 전하는 일 정도는 지가 할 수 있심더."

"그래? 그럼 좋다. 그럼 임시지만 지금부터는 쪼꾸마이, 니가 요기 책임자다. 니는 우리가 이 동네에 다시 나타나믄 사람들을 모으고, 그동안 있었던 일을 우리한테 전하면 된다. 알긋나? 그라고 내일 낮에 우리처럼 생긴 웬 남자가 니한테 올 테니까, 그 사람한테 뭔 일이 있었는지 말해주면 된다. 글로 적든지, 말로 하든지 그건 니 맘대로 해라. 알긋제?"

문제는 당시 내가 하루 종일 집에서 낯선 남자를 기다릴 수가 없다는 데 있었다. 당시 내가 다니던 국민학교는 집에서 15리(약 6km) 떨어진 곳에 있었다. 빨치산으로 보이는 남자의 명령을 무작정 따르기만 할 수 없어 대답하지 않고 땅만 쳐다보고 있는데, 그가 호통을 쳤다.

"야가 지금 말귀를 못 알아듣나? 와 대답이 없노? 와 싫나!"

"지가 새벽에 학교에 가 밤늦게 집에 오거든예. 아재가 언제 올지도 모르는데 무작정 집에서 기다릴 수는 없는 거 아인교? 지가 그거 할 시간이라고 해봐야 밤밖에 없는데예."

그러자 남자가 눈을 위아래로 움직이며 나를 쳐다보았다. 얼굴에 나타난 표정만 봐서는 어이가 없다는 뜻 같았다.

"니 몇 학년인데?"

"3학년임더."

"3학년? 그라믄 글로 적을 수는 있겠고마. 오늘 밤사이 있었던 것을 적어서 집에 둬라. 집안 식구들에게 웬 사내가 와서 달라고 하면 그걸 주라고 하고. 알긋제?"

"알겠심더."

"근데 지금 보니 이 자리가 사람들이 많이 모이기 안 좋다. 경찰이 우리를 볼 수도 있으니……."

남자는 마을 전체를 훑어보았다. 잠시 후 그의 시선이 어느 한 집에서 멈췄다. 그러고는 손가락으로 그 집을 가리키며 "저 집 좋네, 저 집 누구넨가?"라고 물었다. 그 집은 다름 아닌 우리 집이었다. 마당이 넓어 여러 사람들이 모이기 적당하다는 게 이유였다.

"지 집입니더."

"그래? 잘됐고마. 그럼 다음 모임은 야네 집에서 할 테니 그리 알고……. 그리고 다음번에 우리가 밤에 나타나면 밥도 좀 준비하도록 하고. 자! 마지막으로 내가 선창할 테니 따라 할 수 있도록. 조선인민공화국 만세!"

"만세!"

"만세!"

"만세!"

만세 삼창이 끝나고 사람들은 각자 자기 집으로 돌아갔다. 물론 빨치산으로 보이는 사내들도 산으로 다시 올라갔다. 그로부터 몇 달 동안 빨치산들은 다시 동네에 나타나지 않았다. 그러던 어느 날 그들은 또다시 마을로 내려왔다. 사람들을 우리 집에 모이게 하고는 서릿발 같은 목소리로 호통쳤다. 그날 우리 집에 온 사람은 지난번 사람들과는 분명 다른 사람들이었다.

"어젯밤 우리 동지가 와서 문을 열어달라고 했는데, 안 열어 준 사람이 있다고 들었다. 분명히 집 안에 사람이 있으면서 대답도 안 했다는데, 누구야? 셋 셀 동안에 나오지 않으면 총살이다. 하나, 둘!"

셋이라는 소리가 나오기 직전, 옆집 천수네 집에서 천수 형으로 보이는 사람이 앞으로 걸어 나왔다. 그러자 빨치산들은 천수 형을 무자비하게 때리기 시작했다. 분위기 같아선 당장 사람을 죽일 기세였다. 남자 세 명이 천수 형 한 명을 마구잡이로 때리는 그 순간 노인들이 일제히 앞에 나섰다.

"아이고, 선상님들 잘못했심더. 우리가 무식해서 그런 기지, 알고 그란 건 아니라예. 그라니 한 번만 봐주이소."

"이것들이 장난하나? 당신들 눈에는 우리가 장난치는 걸로 보이나? 응?"

"아니라예. 우찌 지들이 그러겠는교? 다 무식해서 그런 기지, 절대로 아니라예."

"그래? 좋다. 이번에는 내 특별히 용서해준다만 다음부터 그런 일이 있으면 이유를 묻지 않고 바로 총살이다. 알긋나?"

이튿날 동네 사람들은 청도읍으로 가 경찰서에 신고했고, 그 뒤로 우리 동네에 다시는 빨치산이 나타나지 않았다. 하지만 당시 이런 광경은 어린 나에게 큰 충격으로 다가왔다. 사람이 사람을 때리고 부리는 것을 그때 처음 보았기 때문이다.

1949년. 6 · 25 전쟁이 터지기 바로 전해, 나는 국민학교 6학년에 다니고 있었다. 아버지는 추석을 가족과 함께 보내기 위해 집에 오셨다. 당시 아버지는 명절 때나 특별한 일이 있으면 집에 다녀가셨다. 우리 집에서 아버지의 권위는 대단했다. 아버지 앞에서는 뛰어서도 안 되고, 감히 눈도 마주치지 못했다. 아버지에게 유일하게 말을 건 사람이 있다면 바로 나였다.

"아부지, 지도 아부지 따라가겠심더. 여기 너무 무서워예."

어린 나이였지만 나는 무릎을 꿇고 아버지께 혼날 각오로 말을 했다.

"……."

아버지는 아무 말 없이 식사를 하셨다.

"아부지, 지도 아부지 따라 부산 갈라예. 여기 아이들도 남자애들은 중학교 가려고 대여섯 명씩 모여 공부하는데, 지는 여기 있음 중학교도 못 갈 거 같심더. 부산 가서 중학교도 가고 대학도 가겠심더. 그라고 여기 있음 또 빨갱이들이 내려올 텐데…… 지는 정말 무섭심더."

"알았다. 고마 밥 좀 묵자."

식사를 마친 아버지는 숟가락을 내려놓으시면서 이렇게 말했다. 딱 그게 전부였다.

다음 날 나는 일찍 길을 떠나시는 아버지를 따라나섰다.

"영림아! 니 이러다 아부지한테 혼나믄 우짤라고 이라노? 아부지가 그렇게 한다고 약속하셨으니 쪼매만 기다려보자. 응?"

할머니는 내 성격을 너무나 잘 아시는지라 아버지를 뒤따라 나서는 나를 극구 말리셨다. 부산행 기차를 타려면 집에서 30리(약 12km)나 떨어진 기차역까지 걸어가야 했다. 새벽 4시에 집을 나서야 오전 기차를 겨우 탈 수 있었다. 그날 나는 아버지 뒤를 종종 따라갔다. 내가 뒤따라오는 걸 아시는지 모르시는지, 아버지는 아무 말 없이 앞만 보고 길을 가셨다. 한참을 가던 아버지는 내가 멀찍이 뒤따라가는 것을 아셨는지 뒤를 돌아보셨다.

"영림아, 니 지금 어데 가노?"

"아부지 따라갑니더. 부산 갈라고예."

"야야, 아부지가 니 맘 다 안다. 하지만 전학이라는 게 당장 할 수 있는 게 아이다. 아부지가 다음번에 전학증 받아올 테니 그때 가자. 알긋나?"

나는 아버지 말씀을 듣고는 가만히 길에 서 있었다. 무언의 항의였다.

"영림아, 아부지 갈 테니 니 이제 그만 드가라."

"……."

나는 한 발자국도 움직이지 않고 가만히 서 있었다. 어릴 적부터 고집 세기로 집안에서 유명했기에, 아버지는 내 무언의 항의를 보고는 바로 수용하셨다.

"아이고, 그래 가자. 집에……. 니하고 이러는 사이 기차 놓쳤으니 가자. 학교 가서 전학증 떼달라고 할 테니 니는 집에 먼저 가 있그라."

나는 기어이 학교 앞까지 아버지를 따라가서 기다렸다. 한 시간 반쯤 지났을까 아버지는 학교에 들어가 담임 선생님을 만나 전학증을 받아 나오셨고, 나는 아버지를 따라 집으로 돌아왔다.

"아니, 부산에 갈 사람이 집에는 다시 왜 왔는교? 두고 간 거라도 있는교?"

"아이다. 차를 놓쳐서……. 내일 갈란다. 그리고 내일 부산 갈 때 영림이도 데리고 갈 테니 그리 알그라."

그렇게 나는 고향인 청도를 떠나 제2의 고향 부산으로 갔다. 부산은 나에게 기쁨과 슬픔, 좌절과 희망을 동시에 안겨다 준 곳이었다.

시골 전학생이 부산 수재들을 누르다

열세 살이 되던 해, 우리 집은 청도에서 부산으로 이사 왔다. 그 전까지 내 삶의 추억은 넓은 들판에서 뛰놀던 것이 전부였다. 나는 동네에서 수재라는 소리를 들을 정도로 공부를 잘했다. 맑은 물이 흐르는 공기 좋은 시골에서 신나게 뛰놀면서 공부도 잘하는, 흔히 요즘 말로 엄친딸에 가까웠다. 그렇다고 해서 지금처럼 공부를 잘한다는 것이 남에게 시기 질투의 대상이 되던 시절도 아니었다. 어린 시절 추억을 쌓아가던 나에게 제2의 고향 부산은 그렇게 다가왔다.

당시 부산은 우리나라 경제의 중심지였다. 한국전쟁 이후 전 국토가 폐허가 된 상황에서 국가로서의 구실을 할 수 있었던 것은 바로 부산이 임시 수도였기 때문이다. 우리 경제가 이토록 빠른 시간 내 도약의 발판을 마련할 수 있었던 것도 일본과 인접한 부산이 한국전쟁의 피해를 크게 입지 않아서가 아닐까 싶다.

부산이 나에게 준 첫 선물은 시련이었다. 시골 촌락에서 대도시로 온 나에게 도시에서의 생활은 엄청난 스트레스로 다가왔다. 시골에서 타의 추종을 불허할 정도로 공부를 잘하던 나는 부산에 온 이후 그저 그런 평범한 학생으로 전락했다. 시골에서 전혀 배우지 않았던 것을 부산 친구들이 모두 알고 있는 것을 보면서 나는 그야말로 절망감에 빠졌다. 추석을 보내고 부산으로 이사 와 학교에 가보니 동급생들은 그해 배울 것을 모두 배운 상태였다.

'아! 이거 촌에서 공부해서는 아무것도 못 하겠구나. 지금까지 내 꿈은 오로지 중학교에 가는 것이었는데, 이렇게 해서 중학교에 가면 뭐 하나? 이렇게 실력이 한참 뒤떨어지는데 중학교에 가서는 과연 잘할 수 있을까?'

내가 전학 온 국민학교의 동급생들은 이미 그해 배울 것을 모두 배우고 중학교 진학 시험을 준비하고 있었다. 중학교 진학 시험은 9월에 치러졌다. 그러나 나는 중학교 진학 시험을 치를 준비가 제대로 되어 있지 못했다.

우리 집은 부산 영도 근처에 있었다. 중학교 진학 문제로 고민이 깊어가던 어느 날, 나는 한밤중에 갑자기 잠에서 깨어 집 밖으로 나왔다. 무작정 가는 데까지 가보자고 시작한 나의 발걸음은 어느새 영도에 이르렀다. 지금이야 많이 개발되었지만 당시 우리 집에서 영도대교까지는 약 1km 남짓 되었다. 겨우 열세 살에 불과한 어린 학생이 밤길을 걸어 혼자서 영도대교까지 간다는 것은 지금 생각해봐도 쉬운 일이 아니었다.

'우선 걸으면서 생각하자. 바닷바람을 맞으니 기분도 상쾌해지는걸. 그런데 앞으로 공부를 어떻게 한다지. 이렇게 살다가는 밥만 축내는 사람밖에 더 되겠어? 부모님께서 나를 어떻게 기르셨는데, 이렇게 살면 뭐 하나…….'

이런 생각에 무작정 걷던 내 발걸음은 어느새 영도 8경 중 하나로 꼽히는 이송도 앞에 이르렀다. 지금이나 그때나 이송도는 풍경이 좋기로 유명하다. '부산의 산토리니'라고 불리는 이송도에서 바라보는 부산 앞바다는 사람의 마음을 참으로 편안하게 만드는 매력이 있다. 부산 시민뿐만 아니라 전국 각지에서 많은 사람들이 이송도 풍경을 보기 위해 찾는다는 소리를 들으면 지금도 나는 그때를 회상한다.

그러나 안타깝게도 나는 당시, 자살바위 앞에 섰다. 그때만 해도 나는 내가 서 있던 그곳이 자살바위라고 불릴 정도로 위험한 곳이라고는 전혀 생각하지 못했다. 단순히 푸르른 바다가 눈앞에 펼쳐져 있는 곳이라고 생각했다. 천길 낭떠러지 앞에 서서 나는 바다를 한참 동안 바라보았다. 위험한 곳에 서니 오히려 마음이 말끔하게 정리된 것은 왜일까? 순간 나의 머릿속에 이상한 생각이 스쳐 지나갔다.

'그래. 이렇게 밥만 축내며 살면 뭐 하나? 나란 존재가 없어지면 가족들도 고생을 덜할 텐데……. 공부도 못하고 이게 뭐 하고 있는 짓인지. 확 그냥 떨어져버릴까? 그저 그런 인생을 살 바에는 그냥 죽어버리자. 한 번 태어나 멋지게 살 게 아니라면 여기서 끝을 내는 것이 부모님이나 가족들에게 더 나을지도 몰라.'

그때는 정말 그랬다. 죽고 싶은 심정이었다. 마치 검푸른 바닷속으로 곧장 뛰어들 사람처럼 신발을 바위 끝에 가지런히 벗어놓은 나는 바위 끝에 앉아 이상한 생각을 계속 이어갔다. 그러는 사이 어느새 내 발은 이미 바닷속 아래를 향해 있었다. 이제 몸만 앞으로 조금 숙이면 곧장 바닷속으로 들어간다. 아니 어쩌면 나는 정확히 삶과 죽음의 중간 지점에 있었는지 모른다. 어린 나이였지만 그토록 나는 심각하게 내 미래를 걱정했다. 밤하늘을 바라보며 이런저런 생각에 잠겨 있던 나는 다시 절벽 아래를 쳐다보았다. 순간 천길 낭떠러지라고 생각되던 그곳이 전혀 무섭게 느껴지지 않았다. 마치 시냇가의 아담한 바위에 앉아 시냇물에 발을 담근 듯한 착각이 들었다. 발만 조금 내밀면 바닷물에 발을 담그는 것이 그다지 어려울 것 같지 않았다. 잘 보니 발끝에 바닷물이 찰랑찰랑 닿을 듯했다.

'오! 신기하네. 바다가 이토록 포근한 건 처음이야. 마치 옛날 우리 집 근처 시냇가 같아. 어디 발을 담가볼까. 저곳에 발을 담그면 얼마나 편안할까.'

순간 옆에서 누가 나를 확 잡아당겼다. 얼핏 봐서 나이 오십

이 넘는 아저씨가 있는 힘을 다해 바위에서 나를 끌어낸 것이다. 얼마나 심하게 끌어당겼는지 내 몸뚱이가 땅바닥에 내동댕이쳐졌다. 별안간 화가 치밀었다.

"아저씨, 와 이라는교? 나한테 도대체 왜 이러는데예? 아저씨 때문에 다칠 뻔하지 않았는교?"

그 순간 아저씨의 얼굴을 쳐다보니 얼굴이 붉게 상기되어 있기는 마찬가지였다.

"니 죽으려고 환장했나? 어린 사람이 자살을 생각하고 지금 뭐 하는 기고?"

"누가 자살하려고 했는교? 발 씻으려고 했지. 저 바닷물에 발만 담가보려 했심더."

"야가 말이야. 지금 니 장난하나? 무슨 사연이 있어 자살하려고 하는지는 모르겠지만 사람 목숨을 그렇게 함부로 내버리는 게 아이다. 정신 차리그라! 지금 니가 하는 게 무슨 짓인지 모르겠나? 니 지금 거기서 일어나다가 발을 조금이라도 삐끗하면 바로 떨어져 죽는 기다. 알긋나?"

아저씨의 말을 듣고 나니 흐리멍덩했던 머릿속이 다시 환하게 맑아졌다.

'그래, 맞다. 저 천길 아래 있던 바닷물이 왜 내 발이 닿는 곳까지 올라왔지? 이상하네.'

뿌연 안개가 자욱했던 머릿속이 맑아지면서 그제야 정신이 들었다. 맞아. 그랬지, 그랬어. 내가 지금 여기 왜 앉아 있지?

"아저씨가 뭔데 저를 살리셨어요? 죽으라고 내버려두지. 도대체 왜 지를 살려줬는교?"

이송도까지 내가 왜 왔으며, 자살바위라 불리는 이 자리에 내가 왜 앉아 있는지가 모두 하나의 이야기로 연결되었다.

"나 같은 사람, 살아서 뭐에 쓴다고 그라는교? 저는 밥만 축내는 사람일 뿐입니더. 지 그냥 두시지 와 살렸어요?"

아저씨는 한심하다는 듯이 나를 쳐다보며 말했다.

"헛소리 그만하고, 빨리 집으로 가라. 느그 집이 어딘지 모르겠지만, 내 여기서 니가 집에 가는지 쭉 지켜볼 테니. 나는 집이 이 근처니 니 집에 제대로 가는지 지켜보고 가도 상관없다. 그러니 절대로 딴 데 가지 말고, 집으로 곧장 가라. 알긋나? 절대로 딴 곳으로 새서는 안 돼. 니 그럼 이번에는 나한테 진짜로 혼난데이. 알긋제?"

'괜히 남의 인생에 끼어들어서는…… 참 이상한 아저씨네.'

아저씨가 너무나 원망스러웠다.

'정말 죽으려고 한 것도 아니었는데, 마치 목숨을 끊을 뻔한 사람을 대하듯 왜 저렇게 심하게 나무랄까? 어찌나 불호령을 내리는지 정신이 하나도 없네.'

내가 집을 나간 사이 우리 집은 발칵 뒤집혔다. 말도 없이 나간 데다, 하루 종일 의기소침해 있던 것이 마음에 걸린 마당에 사라지기까지 했으니 그럴 수밖에. 내가 집으로 들어가자 식구들은 마치 죽은 사람이 되살아 돌아온 듯 나를 부둥켜안고 반갑게 맞이했다.

"아야, 니 어딨었노. 나는 니가 집 나가 죽은 줄 알았다. 동네 사람 누가 말하는데, 니가 바다 쪽으로 갔다는 말을 듣고 이 근처 바닷가를 얼마나 찾아다녔는지 아나? 니 할머니한테 그랬다매? '할머니, 애들은 이미 다 배웠어요. 애들은 다 배웠어. 나는 하나도 모르는데……'."

"그 말을 듣고 이상한 생각이 들었는데, 공교롭게 니가 밖에 나갔다고 하니……. 내 우짜 생각했겠노? 그래, 잘 왔다. 잘 왔고마."

나는 어려서부터 남들과의 경쟁에서 지는 것을 정말로 싫어했다. 아버지는 영도에 집을 마련하시고는 근처에 가장 좋은 학교라 평판을 듣는 동광국민학교에 나를 전학시켰다. 좋은 학군에서 공부해야 한다는 것이었다. 처음 학교에 가서 동급생들의 수준에 놀란 나는 그날 이후부터 매일 새벽같이 일어나 학교로 향했다. 하도 일찍 학교를 가 교문이 닫혀 있는 게 다반사였다. 언제인가부터는 초와 성냥을 들고 학교에 가기 시작했다. 학교에 도착해서 내가 가장 먼저 하는 일은 교문이 닫혀 있는지를 살펴보는 것이었다. 만약 교문이 굳게 잠겨 있으면 책가방을 담장 안쪽으로 던진 뒤 담을 넘어갔다. 어린 시절 나무를 타고 놀았던 것이 그때 그렇게 도움이 되었다.

이송도에서 그 일을 겪고 나서부터 나는 더 열심히 공부에 매달렸다. 마치 죽을 뻔했던 데 감사하기 위해서라도 더 열심

고향 마을로 들어가는 길목에서 (1960년 6월)

히 공부해야 한다는 생각에서 말이다. 그래야만 그 아저씨가 살려준 데 보답할 수 있다고 생각했다.

지금 생각해도 정말 열심히 공부했던 것 같다. 문짝 유리를 살짝 빼낸 뒤 건물 안으로 들어간 나는 그날 배울 것을 예습하는 것은 물론, 그 전날 배운 것도 빠짐없이 복습했다. 전과가 처음 발행되던 그해, 남들에게 뒤처진 수업 진도를 만회하기 위해서는 남들보다 더 열심히 공부하는 수밖에 없다는 생각에 더 많은 시간을 들였다.

나는 그해 부산으로 전학을 간 지 두 달 만에 중학교 입시에 합격했다. 주변에서는 기적 같은 일이라고 놀라워했다. 다행히 1학년부터 5학년까지 공부한 것이 전체 시험의 3분의 2를 차지했고, 정말 걱정했던 6학년 수업 과정은 전체 시험의 3분의 1 정도였다. 비록 시골 학교를 다녔지만 평상시 차근차근 공부했던 것이 시험에 큰 도움이 되었다. 나는 운이 좋게도 동광국민학교 동급생 중에서 가장 우수한 성적으로 부산여자중학교에 진학할 수 있었다. 중학교에서도 우수한 성적을 거둬 당시 부산에서 가장 우수한 인재들이 모인다는 부산여자고등학교에 입학했다.

동광국민학교에서 부산여자중학교로 진학한 학생은 나를 포함해 세 명에 불과했다. 비록 처음에는 수업을 따라가기가 쉽지 않았지만, 나는 어느새 전교에서 1~2등을 다투는 성적에 이르렀다. 그리고 중학교 입시 직전에 치른 모의고사에서 전교 1등이라는 영예를 안았다.

시험을 치르고 난 뒤 조회 시간에 교장 선생님이 단상에 올라 마이크를 잡았다.

"오늘 조회를 시작하기 전에 한 가지 이야기할 것이 있습니다. 이번에 치른 모의고사에서 전학 온 지 두 달밖에 안 된 이영림 양이 전교 1등을 했습니다. 시골에서 전학 온 친구가 이렇게 공부를 열심히 할 동안 여러분은 도대체 뭐 하고 있었던 겁니까? 다들 각성하세요. 전학생이라고 해서 편의를 봐주기는커녕 어찌 보면 야박하게 채점했는데, 정말 흠잡을 데가 없었습니다. 여러분 모두 반성해야 합니다. 반성해야 해요."

당시 같은 학년이었던 교장 선생님의 딸이 80점을 받았던 그 시험에서 나는 87점을 받았다. 교장 선생님 딸은 워낙 공부를 잘해 '동광의 천재'라는 소리를 들었다. 그렇게 똑똑한 아이를 내가 꺾었다는 사실에 교장 선생님 자신도 적잖이 놀라셨을 것이다.

죽음에서 희망으로, 한의학과의 운명적 만남

시련은 사람의 인생을 바꾼다는 말을 절감한다. 부산여자고등학교를 우수한 성적으로 졸업한 나는 서울로 올라와 모 대학교 의과대학을 다녔다. 어릴 적부터 유난히 독립심이 강했던 나는 고등학교를 졸업하자마자 '내 인생은 내가 직접 챙기며 살겠다'며 집에서 독립했다. 당시 결혼도 하지 않은 젊은 처녀가 집안의 도움 없이 독립해 나가 살겠다는 것은 말처럼 쉬운 일이 아니었다.

가부장적인 사회 구조 속에서 여자는 살림을 배우며 조용히 지내다 시집가서 집안 내조를 잘하는 것이 최고의 덕목이던 시대였다. 그런데 내 인생은 내가 알아서 살아가겠노라고 선언했으니, 집안 식구들이 얼마나 놀랐겠는가. 그러나 완고하게 반대할 것이라고 생각했던 부모님은 뜻밖에도 내 의견을 존중해주셨다. 어릴 적부터 유난히 바른 모습을 보인 것이 아마도 그런 결정을 만들지 않았나 싶다.

서울로 올라온 나는 일자리부터 찾아보았다. 하지만 서울에서 여자 혼자의 몸으로 일자리를 찾는 것은 쉬운 일이 아니었다. 그래서 선택한 것이 아이들 과외였다. 수입은 생각보다 많지 않았지만 서울에서의 생활이 얼마나 힘든가를 뼈저리게 느끼며 하루하루 생활했다.

서울에서의 생활은 생각처럼 쉽지 않았다. 아이들을 가르치며 학업을 이어간다는 것이 쉽지 않았기에 다 포기하고 부산으로 내려갈까 생각한 적이 한두 번이 아니었다. 배워야 한다는 목표를 달성하기 위해서 나는 학비가 없으면 잠시 휴학한 뒤 생계 전선에 뛰어들었다. 몇 달을 정신없이 일해도 학비는 쉽게 모이지 않았다.

'공부를 계속해야 하는데 큰일이네. 그렇다고 부모님께 부탁할 수도 없고…….'

삶이 힘들면 의욕이 꺾인다는 것을 안 것은 내 인생에서 그때가 처음이었던 것 같다. 공부라는 거대한 이상에 도달하기 위해서 생활비와 학비라는 현실적인 문제부터 해결해야 했기 때문이다. 그러나 현실은 내게 좀처럼 기회와 여유를 주지 않았다. 학비가 모이지 않으니 생활은 초조함의 연속이었고, 어느새 서울에 올라올 때 가졌던 꿈은 점차 희미해졌다.

'이게 아닌데, 내가 이러려고 어렵게 공부한 게 아닌데.'

생활고에 어려움을 느꼈던 내가 결국 선택한 것은 현실도피였다. 쉽게 말해 머리 깎고 절로 들어가는 것이었다. 그러나 이 역시도 내게는 어려운 일이었다. 무엇보다 부모님의 온갖 기대를 저버리는 것이 마음 아팠다. 지금까지 나의 노력에 찬사를 보내던 수많은 주변인들에게 실망감을 줄지 모른다는 걱정도 들었다. 당시 나는 이대로 세상을 등진다는 것이 너무나도 비겁한 일이라고 생각했다.

한 달 남짓 절에 머물면서 이런저런 생각을 한 나는 결국 다시 세상으로 나오자고 결심했다. 서울 생활이 힘들면 부산으로 내려가고, 부산에서 어느 정도 재충전이 되었다고 생각되면 서울로 다시 올라오는 생활을 이어갔다. 돈이 조금 생겨 학업을 계속 이어갈 수 있다고 생각되면 학교에 등록해 수업을 받는 생활은 한동안 계속되었다.

학교생활은 제대로 이뤄지지 않았다. 처음 입학해 선택했던 학과를 옮기는 것도 여러 번이었다. 한번은 정치학을 전공하다 경제학으로 바꾼 적도 있었다. 그러던 나에게 운명처럼 위기가 찾아왔다.

하루는 부산에 내려가 구포 뉴 근처에서 친구들과 놀았다. 그때 한 친구가 이렇게 말했다.

"여기 가물치가 그렇게 몸에 좋다는데 한번 먹어볼래?"

"가물치? 그게 뭔데?"

"사람 기운 북돋는 데는 가물치만 한 게 없어. 영림이 니, 서울에서 공부하느라 고생했을 낀데 한번 맛이나 봐라. 사시미로 한번 먹어보자."

"그라까? 사실 요즘 몸이 좀 안 좋았는데, 맛이나 한번 보지 뭐."

그날 나는 가물치회에 소주 몇 잔을 곁들여 마셨다. 회는 소주와 마셔야 제격이라는 소리를 들으면서 말이다. 가물치회 맛은 굉장히 느끼했다. 비린내도 많이 난 탓에 소주를 3분의 1병 정도 비웠다.

한 일 년쯤 지났을까. 먼 친척분이 나를 보고는 깜짝 놀란 표정을 지으며 내게 물었다.

"영림이 니 얼굴이 와 그라노?"

"와요? 제 얼굴이 뭐 이상해요?"

"니 얼굴이 꼭 무슨 환자 같다. 아파도 보통 아픈 사람 같지가 않네. 니 어디 아프나?"

그러고 보니 몇 달 사이에 체중이 많이 빠졌다. 원래 날씬한 편이었지만, 평소 때보다 훨씬 체중이 적게 나갔다. 힘도 없고 늘 축 처져 있기 일쑤였다. 몸에 어딘가 이상이 있다고 생각됐으면 당장 병원에 가보았겠지만, 나는 몸무게가 줄면서 자연스럽게 몸에 힘이 빠지는 거라고 생각했다. 설마 내 몸에 이상이 있으리라고는 꿈에도 생각하지 못했다.

"제 얼굴이 그리 이상해요? 제가 화장을 안 하다 보니 특별히 거울 볼 일이 없어서 그런 거 아인교. 제 얼굴이 진짜 환자

같습니꺼?"

"거울 한번 봐라. 내 말이 틀렸나. 내 보기에는 얼굴이 심각하다. 퍼뜩 병원에 가봐라. 병원 가서 종합 진단 한번 받아보란 말이다. 거참, 아가 입이 와 다 돌아갔노."

그 말을 듣고 나는 얼른 거울을 들여다보았다. 거울 속에 비친 내 얼굴은 검은색 기미로 가득했다. 무엇인가 몸에 이상이 있는 것은 아닌가 하는 생각이 들었다.

'몸에 무슨 이상이라도 있는 걸까? 내가 봐도 이상하네.'

주변 사람들도 이상한 반응을 보였다. 그때는 요즘처럼 집에서 씻을 만한 여건이 안 돼 대중목욕탕에서 목욕을 하곤 했다. 몇 달 전부터 목욕탕에 가서 목욕을 하다 등을 밀어달라고 부탁하면 주변 사람들이 하나둘씩 거절하곤 했다.

'이 사람들 말이야! 사람을 무시하는 것도 아니고, 왜 그러지?'

나의 몸은 뼈에 가죽만 덮여 있는 듯 앙상했다. 흡사 중병에 든 환자가 옆에서 목욕을 하니 누가 곁에 와 몸을 씻겠는가? 내 입장에서는 남들의 행동이 야속하게 보였지만, 입장을 바꿔놓고 생각하면 누구라도 그렇게 할 수 있었다고 본다.

주변에서 하도 걱정을 하자, 나는 부산에서 유일하게 종합검사를 하던 최 내과를 찾아갔다. 병원을 방문해 대소변 검사와 혈액 검사, 엑스레이 검사를 마치고 사흘 뒤 결과를 보러 갔다. 손에서 땀이 났다.

'중병이면 어쩌지. 공부도 못 했는데. 부모님께 보란 듯이 성공하겠다고 말씀드렸는데 여기서 끝내면 너무 아쉽잖아?'

잠시 후 나를 진찰한 원장이 문을 열고 환자 대기실로 나왔다. 당시는 지금처럼 환자의 개인정보를 엄격히 보호하던 때가 아니었다. 의사가 엑스레이 검사 결과와 차트를 들고 나와 대기실에 모인 사람들을 향해 크게 외쳤다.

"○○○ 씨, ○○병입니다. 더 큰 병원으로 가든지 수술 받으세요."

개인의 병명이 만천하에 공개되는 것이나 마찬가지였다.

대기 순서가 있었겠지만, 내 이름이 호명되기까지 왜 그렇게 시간이 길게 느껴졌는지 모르겠다. 판결을 앞둔 피고인의 마음이 이런 것일까? 드디어 진찰실 문이 열리고 나를 진찰한 의사 선생님이 나왔다. 손에 진료 기록지를 든 의사 선생님이 큰 소리로 "이영림! 간디스토마 플러스 파이브(5)"라고 외치고는 다시 진찰실로 들어가려는 것이 아닌가.

'플러스 파이브라고? 플러스 파이브가 도대체 뭐야? 설명을 해주어야 알지.'

나는 하도 어이가 없어 진찰실로 들어가려던 의사 선생님을 붙잡고 큰 소리로 말했다.

"플러스 파이브라니요? 제가 잘 몰라서 그러는데, 간디스토마가 뭐고 또 플러스 파이브는 뭔데요? 좀 자세하게 설명해주이소."

"뭐 설명하면 복잡하고, 그냥 사형선고야. 사형선고라고 생각하면 된다네."

순간 화가 치밀었다.

'뭐야! 지금 자기가 뭔데 나한테 사형선고를 내리는 거야. 의사면 다야?'

너무 어이없는 결과였던 데다 갑작스럽게 통보를 받은 탓에 정신이 없었다. 하지만 이유는 들어야겠다는 생각에 진찰실로 뒤따라 들어갔다.

"선생님, 제가 이영림인데요. 사형선고라면 저한테는 억수로 중요한 문제거든요. 자세히 설명해주셔야 알 거 아닙니꺼? 그렇게 말씀하시고 들어가면 우짭니까? 지는 우짜라고요?"

"그렇구먼. 생각해보니 그렇네. 혹시 자네 언제 민물 생선을 먹은 적 있는가?"

"네, 있습니다. 일 년 전쯤 먹었는데, 그게 무슨 문제가 됩니꺼?"

"어이구. 간디스토마는 말이야 민물고기를 날것으로 먹으면 생기는 병이라네. 회충 같은 거라고 생각하면 되지. 간디스토마 알을 먹은 민물고기를 사람이 먹으면 몸속에 간디스토마가 생긴다네. 요즘 낙동강 유역에 간디스토마 알이 많은데, 이 병에 걸린 사람은 보통 황달, 흑달로 죽어요. 사람 몸을 검사해 간디스토마 균이 있다고 판명을 받을 경우 몸속에 간디스토마 회충이 10만 마리 이상 있다고 보거든. 자네 몸이 지금 그런 상태라고 할 수 있다네. 그리고 플러스 파이브는 최소한 50만 마리 이상 있다고 보는 것이네. 그게 지금 자네 간 속에서 자네가 먹는 영양분을 다 먹어치우고 있으니 자네 몸이 점점 야위어가는 거 아니겠나? 그래서 지금처럼 피골이 상접한 것이지."

하늘이 무너지는 느낌을 받은 것은 그때가 처음이었다. '아직 꿈도 이루지 못했는데 사형선고라니…… 너무 억울해. 이건 아닌데. 내가 도대체 뭘 잘못했다고. 친구가 먹자고 해서 회 몇 점 먹은 걸로 내 인생을 여기서 끝내야 한다고? 그러기에는 지금까지 고생한 게 너무 아깝잖아.'

머리가 복잡해 어떤 말부터 꺼내야 할지 몰랐다. 의사 선생님의 말은 내 몸을 땅속으로 곤두박질시키는 듯했다. 더 오래 살지 못하고, 여기서 생을 마감해야 한다는 소리처럼 들렸다.

정말이지 가까스로 울음을 참았다.

"그럼 이제 어떻게 합니꺼? 어떻게 하면 되난 말입니더."

"말하기가 참 어려운데, 간단하게 말하면 최소한 7년은 간디스토마 균과 싸워야 해. 이놈이 워낙 질긴 놈이라서 병이 완치되는 데 최소 7년은 걸리지. 만약 이놈과의 싸움에서 지면 영림이가 죽는 거고."

그때 의사 선생님의 말이 왜 그리 야속하게 들렸을까? 자기 몸이 아니라고 너무 쉽게 말하는 건 아닐까? 그래도 명색이 의사가 아닌가? 의사라면 환자의 몸을 자기 몸처럼 아끼며 치료해야 한다고 배우지 않았나? 그런데 7년을 싸우라고? 7년이라는 시간 동안 나는 간디스토마 균하고만 싸우면서 시간을 보내라고? 아무리 생각해도 억울하다는 생각이 들었다. 하지만 그렇다고 현실을 부정하는 것은 죽음을 기다리는 것과 같을 뿐이었다. 인정하고 싶지 않았지만, 그건 엄연히 내 눈앞에 있는 현실이었다.

집으로 돌아온 나는 삶의 아무런 의욕도 가질 수 없었다. 이대로 죽어야 하나? 나의 병명은 온 집안 식구를 충격으로 몰아넣었다. 자식들 가운데 가장 총명해 큰 인물이 될 거라고 믿어 의심치 않았던 부모님은 청천벽력 같은 나의 말을 듣고 자리에 앓아누웠다. 특히 어머니가 받은 충격은 상상 이상이었다.

"아를 이제 우야노? 불쌍해서 우짜노?"

하지만 지금 봐도 어머니는 의지가 강한 분이셨다. 정작 나 자신은 삶의 의욕을 잃어 방에 틀어박혀 두문불출하던 그 시절, 어머니는 며칠간 앓아누우셨지만 그 뒤 바로 일어나서는 잘못된 시곗바늘을 되돌리듯 주변에 이것저것 물어보셨다. 어떻게 하면 귀한 딸의 병을 고칠 수 있는지를 말이다.

그러던 어느 날이었다.

"영림아, 가자!"

아침 일찍 어디를 다녀오셨는지, 어머니는 아침 밥상을 물리자마자 내 손을 잡아끌었다.

"어데 갈라고 아침부터 이럽니꺼?"

"가보믄 안다. 니 퍼뜩 안 인나고 뭐 하노?"

마음이 급하셨는지 어머니는 금세 옷을 차려입고 문밖에서 나를 기다리셨다. 왜 빨리 안 나오느냐고 재촉하셨다. 어머니는 지나가는 사람들에게 몇 번을 물어가면서 어떤 곳을 찾아가시는 듯했다. 영문도 모른 채 어머니를 따라간 곳은 범일동이었다.

"여기 난치병을 용하게 잘 고치는 분이 있다고 하던데……. 혹시 아십니꺼? 지가 오늘 거길 꼭 가야 하는데, 아시면 말씀 좀 해주이소."

그동안 어머니는 부산 시내에서 용하다는 의원을 수소문하고 계셨다. 그러나 범일동에 있다는 이야기만 들었을 뿐 구체적으로 어디에 있는지 몰랐던 터라 그 한의원을 찾는 데 하루 종일 보낼 심산으로 아침부터 집을 나선 것이었다. 어머니가 그토록 찾고자 했던 한의원은 범일동의 작은 산 아래에 있었다. 문을 열고 안으로 들어가니 키가 훤칠하게 크고 머리가 새하얀 점잖은 노인이 우리를 맞았다. 얼핏 봐서 나이가 예순은 되어 보였다.

"무슨 일이십니까?"

"원장님! 우리 아 좀 살려주이소. 야가 지금 큰 병에 걸렸습니다. 부탁합니더, 원장님."

다짜고짜 통사정을 하자 원장님은 내 얼굴을 힐끗 쳐다보고는 손을 달라고 했다. 맥을 짚어보기 위해서였다. 몇 초간 정적이 흐른 뒤 원장님이 고개를 끄덕이며 말씀하셨다.

"아! 몸 상태가 조금 심각하네요. 꽤 오래 병을 앓은 것 같은데, 다른 병원에서 뭐라고 이야기하던가요?"

"네, 원장님, 야가 지금 몸 상태가 말이 아닙니더. 고칠 수 있겠습니꺼?"

어머니의 눈에 간절함이 가득했다. 자식의 아픔을 몸소 느끼시는 듯, 어머니는 원장님에게 머리를 조아리며 간절히 애원했다. 잠시 지그시 눈을 감고 있던 원장님이 입을 뗐다.

"잘 알고 계시겠지만, 양방에서는 아직 간디스토마 치료제가 개발되어 있지 않습니다. 지금으로선 고작 할 수 있는 게 간 보호제를 먹는 건데, 그걸로는 치료에 한계가 있지요."

"아이고, 그렇습니꺼? 그래서 지가 선생님을 찾아온 거 아입니꺼? 그라믄 이제 우째야 합니꺼?"

"한방은 치료법이 좀 다릅니다. 병이 낫고 싶다면 제가 시키는 대로 하셔야 합니다. 제가 시키는 것을 절대 거르면 안 돼요. 아시겠어요?"

"물론입니더. 당연히 지키고말고요. 말씀만 해주이소."

어머니는 원장님의 말에 한 가닥 희망을 찾은 듯 안도의 기색을 내보이셨다. 오랜 객지 생활 끝에 돌아온 나로부터 "어무이, 간디스토마 때문에 오래 살지 못한답니더. 지는 이제 우야면 좋습니꺼?"라는 소리를 들었을 때와는 전혀 얼굴이 딴판이었다. 늘 자식 걱정에 마음을 졸이던 어머니는 마치 자신의 병이 깨끗하게 나을지 모른다는 말을 들은 것처럼 뛸 듯이 기뻐했다.

"좋습니다. 그럼 이제부터 우리가 할 일은 이 지긋지긋한 간디스토마 균과 싸우는 일입니다. 길고 지루하겠지만, 제 말만 믿고 따라와주시면 분명 이길 수 있습니다. 영림이 나이를 보니 아직 해야 할 일도 많은데 이렇게 세상을 뜨다니요. 그럴 수 없지요. 다시 한 번 말씀드리지만, 제가 하자는 대로 무조건 따라와주세요. 그럼 분명히 희망은 있습니다."

원장님의 확신에 찬 말을 들으니 내 마음에도 한 가닥 희망이 솟아올랐다. 여기서 삶을 포기하면 이대로 끝이지만, 최소한 7년 동안 이 녀석하고 싸우면 내 인생에서 최소한 7년은 더 추가되는 것이 아니겠는가? 경우에 따라서 7년이 14년이 될 수도 있겠지만 이 땅에서 좀 더 지낼 수만 있다면, 그것도 한 번 해볼 만한 일이라는 생각이 들었다. 그때까지 나는 한방의 위대함을 솔직히 잘 몰랐다.

이후 원장님은 우리 집안 사정에 대해 이것저것 물어보았다. 7년이라는 시간을 버티려면, 체력도 중요하지만 경제적으로 넉넉함이 뒤따라야 하기 때문이다. 하지만 안타깝게도 당시 집안 형편은 그리 좋지 못해 전폭적으로 치료를 지원할 상황이 못 되었다. 그 사실을 알았는지 원장님은 환약을 지어주셨다. 그리고 등과 다리 등에 40일간 뜸 시술을 해주셨다. 그렇게 해서 경제적 부담은 한결 줄일 수 있었다.

원장님의 특별 주문 사항은 고단백 식사를 많이 해야 한다는 것이었다. 먹는 족족 영양분을 뺏어 가는 간디스토마 균과의 싸움에서 조금이라도 영양분을 남기려면 고단백 식사가 필수였다.

나는 아버지가 즐겨 드시는 민물 장어를 먹기로 했다. 당시 부산에서는 새벽녘에 아낙네들이 머리에 양동이를 이고 "민물 장어 사이소"를 외치며 동네 구석구석을 다니곤 했다.

우리 집 경제 사정은 최악으로 치닫고 있었다. 젊은 시절 독립운동을 하다 부산에 정착해 사업을 하신 아버지는 한창때만 해도 부산에서 전도유망한 사업가로 유명했다. 그러나 아버지가 돌아가신 후 가세가 기울면서 집안 경제 사정은 급전직하했다. 아버지가 돌아가셨는데 받아야 할 돈이 있다며 찾아오는 사람은 왜 그리도 많았는지 모르겠다.

본격적인 치료에 들어가자 나는 집을 나왔다. 집에 있으면서 병을 치료한다는 것은 여러모로 나머지 식구들에게 부담이 될 수 있다는 판단에서였다. 힘들게 다녔던 대학도 자연스레 그만둘 수밖에 없었다.

"어머니, 제가 집에서 치료를 받으면 식구들이 힘들어할 수 있으니 병이 나을 때까지 집에 오지 않겠어요. 제가 알아서 치료할 테니 걱정 마세요" 하고 편지를 쓰고는 그로부터 5년간 나는 한 번도 부모님 댁에 가지 않았다.

집을 나온 나는 부산 변두리에 조그마한 방을 얻고는 낮에는 할부 책 장사를 했다. 당시 처음으로 국내에 수입되어 화제를 일으킨 버터를 파는 일도 같이 했다. 그렇게 번 돈으로 나는 민물 장어를 사 먹었다.

고단백 식사를 위해 사 먹은 또 다른 것은 송치였다. 송치는 임신 상태에서 죽은 암소의 송아지를 말한다. 새벽이면 아낙네들이 함지박에 송치를 담아 머리에 이고는 "송치 사이소. 송치 사이소"를 외치곤 했다. 송치를 푹 곤 국물은 단백질 덩어리였다. 나는 아침마다 송치 곤 국물을 한 대접씩 쭉 들이키곤 했다. 기억해보건대 맛은 별로 없었다.

그 뒤로 얼굴에 기미는 점차 사라지고 몸이 하루가 다르게 좋아지는 것을 느꼈다. 내 스스로 어느 정도 병을 이겨내고 있다고 판단될 정도로 건강은 빠르게 회복되었다. 그러면서도 '과연 내 몸에 아직 얼마나 많은 간디스토마 균이 남아 있을까?'라는 생각이 들었다. 그래서 내과를 찾아가 검사를 받고, 며칠 뒤 결과를 확인하러 갔다.

"참 이상하네요. 도대체 그동안 무얼 어떻게 했나요?"

의사가 나를 보더니 대뜸 무뚝뚝하게 물어왔다.

"왜요? 선생님, 뭐가 잘못됐습니니꺼?"

순간 마음이 쿵 하고 내려앉았다. 7년 가까이 병마와 싸우기 위해 고생했는데 아무런 진전이 없었다면, 지난 시간이 얼마나 아까운 것인가? '되레 병이 악화됐으면 어쩌나'라는 생각이 앞섰다.

"아니요, 잘못되다니요, 그게 아니라 정말 제가 이런 경우는 처음 봐서 그렇습니다. 이건 기적에 가까워요. 지난번 검사 때 플러스 파이브라고 말씀드렸잖아요? 그런데 이번 검사 때는 간디스토마 균이 전혀 발견되지 않았네요. 어떻게 했길래 이런 일이 있죠? 저도 궁금하네요."

나는 의사에게 그동안 병을 어떻게 치료해왔는지 하나하나 설명했다. 의사는 전체적인 뜻은 이해하겠지만, 민물 장어와 송치가 간디스토마 균을 죽이는 데 어떤 영향을 미쳤는지는 의학적으로 도저히 이해가 되지 않는다며 고개만 가로저었다. 하지만 몸이 완치된 것에 대해 누구보다도 기뻐했다.

물론 그 전에도 나는 한의학의 신비로움을 경험한 일이 있다. 간디스토마 균과 한창 사투를 벌이던 시절 이야기다.

나는 어느 날 친구와 우동을 먹으러 갔다. 우동을 몇 젓가락 먹었는데 갑자기 배가 찢어질 듯 아프기 시작했다. 겁이 난 친구는 나를 동네 작은 병원으로 데려갔다. 나를 진찰한 의사는 진통의 원인을 복막염이라고 하면서 당장 수술할 것을 권했다. 문제는 당시 내가 간디스토마 균과 싸우다 보니 영양분이 부족해 심각한 빈혈 상태였다는 것이다. 의사는 빈혈 때문에 수술 도중에 사망할 수 있다면서 피를 구할 때까지 병원에서 기다리라고 했다. 그때 동생이 소식을 듣고 나를 찾아왔다.

"누님요, 이러지 말고 한의원에 한번 가보입시더. 저번에 어무이가 늑막염 때문에 고생해서 한의원에 갔는데 진짜 깨끗하게 치료하지 않았습니꺼?"

의사에게 양해를 구한 뒤 내가 찾아간 곳은 부산에 있는 허 한의원이라는 곳이었다. 원장님은 아파하는 나의 맥을 짚어 보고는 아무 말 없이 씩 웃으면서 "약 두 첩을 지어줄 테니 한 시간만 달인 후 먹고, 그다음 두세 번 정도 다시 끓여 먹거라"라고 하는 것이 아닌가? 병원에서는 당장 수술하지 않으면 죽을 수도 있다고 말했지만, 허 한의원 원장님은 웃으면서 느긋하게 처방해주셨다. 한의원 문을 나서려는데 원장님이 나를 향해 큰 소리로 말씀하셨다.

"그렇게 먹고도 배 아픈 게 낫지 않으면 그때는 병원에 가거라."

일단 나는 원장님이 시키는 대로 했다. 결론적으로 그날 배 아픔의 원인은 식중독이었다. 그때 나는 한방의 위대함을 절실히 깨달았다. 간디스토마 균과의 지루했던 싸움을 이기고 난 뒤로 한의학의 놀라움을 몸소 깨달았다. 내가 훗날 한의사의 길로 들어선 것도 그러고 보면 이 운명적인 만남 때문이 아니었을까 싶다. 나를 살려준 한의학을 위해 평생 헌신하겠다는 꿈은 그렇게 시작되었다. 병원을 나오면서 나는 뭔지 모를 엄청난 감동에 사로잡혔다. 그 감동은 며칠이 지나도 줄어들기는커녕 점점 더 강렬하게 살아났다.

집으로 돌아온 나는 치료를 받으며 한글판 《동의보감(東醫

寶鑑)》을 읽기 시작했다. 상중하 세 권으로 이뤄진 《동의보감》에는 한의학의 오묘한 이치가 담겨 있었다. 이후 《방약합편(方藥合編)》까지 세 번 읽고 한의학이야말로 진정한 예방의학이요 생활 의학임을 깨달았다.

그리고 고민에 들어갔다. 지금까지 나는 왜 이렇게 최선을 다해 살아왔을까? 내 인생의 꿈은 무엇인가? 열심히 공부해 이름을 날리는 게 과연 성공일까? 결론은 그렇게 사는 인생이 결코 아름다워 보이지 않는다는 것이었다. 죽음의 기로에까지 가본 나는 이름을 얻기보다는 나처럼 아픈 사람을 돕는 세상의 빛이 되기로 인생의 목표를 바꿨다. 이러한 고민은 꽤 오랜 시간 계속되었다. 아버지처럼 멋진 사업가가 되어 집안을 다시 일으켜 세우는 것만을 바라보고 살아가던 나에게 한의학은 새로운 삶의 이정표처럼 다가왔다. 결국 나는 한의학을 내 평생의 업으로 삼기로 정했다. 절망에 빠져 있던 나에게 한의학이 새로운 희망이 된 것처럼 남들에게도 그런 기쁨을 주고 싶은 것이 간절했다.

죽음에서 살아난 뒤 나는 한의학에 완전히 매료되었다. 한의학이라는 학문의 깊이가 과연 얼마나 되는지가 너무나 궁금해 견딜 수가 없었다. 무엇엔가 매료되면 사흘 밤낮을 공부해서라도 원리를 알아야 직성이 풀리는 나로서는 더 이상 가만히 있을 수가 없었다.

그때 내가 배운 가장 큰 가르침 중 하나는 '내 몸을 잘 알고,

내 몸을 누구보다 사랑해야 한다'는 점이었다. 지난 30년 가까이 살아왔지만 정작 내 몸이 어떤 구조로 이뤄졌는지 몰랐다는 건 어찌 보면 내 몸에 대한 예의가 아니지 않았나 싶다. 하다못해 작은 기계도 30년 정도 쓰면 기름칠하고 부품을 갈아야 하는 게 당연하고, 그러기 위해서는 기계의 구조부터 파악하는 것이 급선무 아닌가? 그런데 나는 그 당연한 것조차 몰랐던 것이다.

내 몸은 피, 살, 뼈, 신경, 피부, 기(氣)가 서로 조화를 이루고 있는 조그만 우주다. 세상 이치가 내 몸에 있다는 것은 그런 점에서 허언이 아니다. 우리 몸이 자칫 병에 걸렸다고 하면 몸의 균형이 깨졌다는 것을 의미한다. 한의학에서 말하는 치료는 무너진 밸런스를 다시 다잡는 근본적인 치료라고 할 수 있다.

지금이나 옛날이나 나는 어떤 특별한 일에 몰입을 잘했다. 새로운 것을 알게 되면 그 근본적인 것까지 파고들어야 직성이 풀리는 스타일이다. 한의학에 처음 입문할 때도 마찬가지였다. 당시 내가 했던 고민은 '왜 세상에는 병이 있는가?' 그리고 '왜 세상에는 난치병이 존재하는가?'였다.

특히 난치병에 대한 관심은 상당했다. 기왕 한의학에 입문한 이상 못 고치는 병이 없는 완전무결한 한의사가 되고 싶은 마음이 간절했다.

내가 지금까지 한의사를 천직으로 삼고 살아가고 있는 것도 가슴속에 깊이 박힌 '의로운 의사'라는 장침을 뽑지 못해서가 아닐까. 운명처럼 받아들였기에 나는 한의사라는 새로운 신세계를 찾았는지도 모른다.

늦깎이 대학생,
경희 한의대를
주름잡다

나에게 경희대학교는 인생에서 새로운 이정표를 제시한 곳이다. 젊은 시절 수많은 시간을 방황하다 급기야 간디스토마에 걸려 사경을 헤맸던 내가 한의학 입문을 마음먹고 꿈을 키운 곳이 바로 경희대학교다. 대한민국 최고의 한의학 교육기관에서 한의사의 꿈을 키우고자 했던 나의 바람은 경희대를 거치면서 보다 정교해지고 세밀해졌다.

경희대학교 한의대로 학사 편입을 준비하던 어느 날이었다. 편입 시험을 치르고 면접을 보러 간 나에게 한 교수님이 얼굴을 유심히 보시더니 이렇게 물었다.

"이영림, 한의대보다 차라리 의대를 가는 게 어떤가?"

뜻밖의 물음이었다. 하지만 썩 기분이 좋지만은 않았다. 나이 서른이 되어 오랜 고민 끝에 한의대 편입을 결정한 나에게 의대 진학 제안은 그리 유쾌하게 들리지는 않았다.

'뭐 나보고 의대를 가라고? 그럴 거면 내가 왜 서울로 어렵게 올라왔는데? 이 양반이 보기에 내가 한의대 공부를 따라가기 힘들다는 건가?'

"제안은 감사합니다. 하지만 제가 오랜 고민 끝에 한의대 진학을 결정한 터라 이제 와서 번복하기는 힘듭니다. 최대한 열심히 할 테니 꼭 기회를 주십시오."

나에게 질문한 교수님은 창백한 얼굴에 호리호리한 몸매를 가진 내가 그다지 미더워 보이지 않았던 것 같다. 너무나 허약해 보이는 탓에 도무지 한의학 전 과정을 이수하기 힘들겠다고 판단한 것이다.

그럼 의과대학은 쉬운 곳인가? 사실 나는 의과대학에 입학해 공부한 적이 있었다. 부산여자고등학교를 졸업하고 처음 들어간 대학이 모 대학교 의과대학이었다. 의과대학의 고된 생활은 어느 정도 알고 있었다. 당시 내가 교수님의 제안을 조금도 고민하지 않고 뿌리친 것은 이미 의과대학 생활이 어떤지 경험해 잘 알기 때문이었다.

그러나 막상 한의대에 진학하니 차라리 의대 생활은 훨씬 편한 것이었다. 실제 과정을 접해보니 면접에서 한의대 교수님이 나의 체력을 걱정하신 일이 이해가 되었다. 지금도 그렇지만 한의학은 한방과 양방을 동시에 공부해야 한다. 강인한 체력과 정신력은 기본적으로 갖춰야 한다. 당시 경희대 한의

경희대학교 교정에서 (1970년 5월)

학과는 예과 2년, 본과 4년을 합친 총 6년제였다. 학사 편입을 했기에 나는 예과 과정을 생략하고 본과 1학년으로 편입했다. 면접 때 내게 의대 진학을 권유하던 교수님을 만날 일도 비교적 자주 있었다. 복도에서 만난 교수님은 만날 때마다 "몸도 약한 사람이 열심히 하는구먼. 힘들지만 참고 하라고. 반드시 좋은 결과가 있을걸세"라고 말씀하셨다.

나의 대학 생활을 한마디로 요약하라면 '고된 학습'이라는 네 글자로 설명할 수 있다. 사실 '대학 진학 후 내가 제일 나이가 많으면 어쩌지?'를 가장 고민했다. 그러나 이는 기우에 불과했다. 막상 편입해보니 나보다 더 나이 먹은 사람이 꽤 되었다. 당시 내 동기생들은 모두 51명이었는데, 나를 포함해 늦깎이로 학교에 들어온 친구들이 15명이나 되었다. 물론 그중에서 여자는 나 혼자였다.

나이 들어 한의대에 입학한 만큼 우리 늦깎이들은 젊은 동기생들보다 몇 배의 노력이 필요했다. 젊은 동기들이야 언제든지 진로를 바꿀 수 있겠지만, 몇 해 정도 사회생활을 하고 들어온 우리 늦깎이 동기생들은 퇴로가 없었다.

'여기서 물러날 순 없어. 이미 시행착오를 겪었으니 다시 실패한다면 그야말로 인생의 낙오자가 되는 거야.'

당시 나는 이러한 말을 속으로 수없이 되새겼다. 그만큼 나에게는 절실함이 있었다.

한의대 입학 후 시작된 의학 수업은 만만치 않은 과정이었다. 일단 수업량이 상당했다. 한방 과목뿐만 아니라 해부학, 생리학, 병리학, 생화학, 미생물학, 기생충학, 예방의학, 진단학 등을 두루 섭렵해야 했다. 침구학도 주요 과목 중 하나였는데 침놓기, 뜸 뜨기가 기본이다. 이는 일찍이 부산에서 간디스토마에 걸려 죽어가는 내 목숨을 살려주신 첫 번째 한의학 스승에게 배운 탄탄한 기초 위에 풍부한 이론과 실습을 더해 나의 의술을 한층 더 발전시켜주었다. 또 후에 실제로 내가 이란에서, 한국에서 한의사로 활동하는 데 커다란 도움이 되었다.

워낙 공부해야 할 범위가 많아 머리로만 하는 것은 한계가 있었다. 당시 나는 체력적으로도 상당한 어려움이 있었다. 검사 결과 간디스토마 균이 발견되지 않았을 뿐이지 간의 상태가 완전히 정상이라고는 볼 수 없었다. 눈 밑에는 '다크서클'로 불리는 기미가 잔뜩 끼어 있는 데다 키 165cm에 몸무게는 45kg에 불과했다.

어려서부터 빈혈과 두통을 달고 살았던 터라 나는 박카스와 사리돈을 대량으로 구비해놓고 있었다. 마치 영양제를 먹듯이 이들 약제를 먹어야 했다. 시험 기간 중에는 증상이 더 심해지면 책상 위에 아예 약병을 꺼내놓고 수업을 들었다. 가뜩이나 학습력이 떨어져 남들보다 잠을 적게 자는 수밖에 없었다. 학창 시절 내 평균 수면 시간은 하루 3시간을 넘지 않았다. 자습 도중 과로로 쓰러진 적이 한두 번이 아니었다. 정신을 차리면 병원에 누워 있고, 팔에는 늘 링거가 꽂혀 있었다.

실습 시간에 현미경으로 병원균을 관찰하고 있다 (1970년 6월)

그러면 한의학이 공부하기 힘든 것은 무엇 때문일까? 여러 가지 이유가 있겠지만, 내가 한의학을 배우면서 가장 어려웠던 점은 쉼표 하나 없고 마침표 하나 없는 한문 원전을 읽어야 한다는 것이었다. 그러기 위해서는 한문 실력은 물론 동양 철학에 대한 기본 이해가 뒤따라야 한다.

평생의 스승을 만나다

"어이 도깨비! 지금 어디 가는 거야?"

당시 경희대에서 생화학을 가르치던 신상주 교수님은 살아 생전 나를 늘 이렇게 불러주시곤 했다. 동에 번쩍, 서에 번쩍일 정도로 적극적으로 나선다고 교수님이 붙여준 별명이 바로 도깨비였다. 신 교수님은 나에게는 큰 은혜를 베푸신 스승이다. 내가 이란과 인연을 맺게 된 것도 신 교수님을 만나게 되면서부터다. 신 교수님은 국비 장학생으로 소르본대학교에서 박사학위를 받고 당시 국내에서 프랑스어를 잘하기로 손꼽히는 분이었다. 천재라는 소리를 들을 정도로 머리가 비상하셨다. 강의 내용도 훌륭해 당시 경희대 한의대를 다니던 학생들 사이에서 신 교수님의 강의는 인기가 높았다. 신 교수님은 다른 동기들에 비해 내가 교수님과 나이 차가 많이 나지 않아 나를 제자보다는 친한 친구처럼 여겼다.

"어이! 도깨비, 그러다 탈 난다. 너무 무리하지 마."

사실 나는 하루하루를 매우 바쁘게 보내야 했다. 아르바이트하랴, 공부하랴 눈코 뜰 새가 없었다. 지금도 대학 생활 중에서 가장 후회되는 것은 책을 가슴에 안고 교정을 천천히 걸어본 적이 없다는 점이다. 늘 시간에 쫓기다 보니 나의 서울 생활은 뜀박질의 연속이었다.

많은 의대생들에게 전공 수업 중에서 가장 어려운 것을 꼽으라고 하면 해부학 수업을 꼽을 것이다. 나 역시 마찬가지였다. 더군다나 당시 나는 몸이 허약할 뿐 아니라 비위도 약했다. 해부학 수업이 있는 날은 나에게는 악몽 같은 시간이었다. 게우기도 하고 경우에 따라서는 올라오는 쓴 물을 다시 삼키는 일도 허다했다. 그만큼 수업은 고통의 연속이었다. 여덟 시간의 수업이 끝나면 내 몸속 오장육부의 모든 것들을 다 토할 것 같은 느낌을 받은 적이 한두 번이 아니었다.

'아! 한의사가 되려면 정말 이런 과정을 거쳐야 하는 건가? 내가 양의사를 할 것도 아닌데 말이야. 꼭 이렇게까지 해야 하나?'

해부학 수업의 고통을 해결해주는 것은 한잔의 소주였다. 해부학 수업이 끝나면 우리는 어김없이 학교 앞 선술집으로 향했다. 몸 전체에 밴 악취를 없애는 데는 소주만 한 게 없었다. 소주를 들이켠 후 연탄불 위에 지글지글 소리를 내며 구워

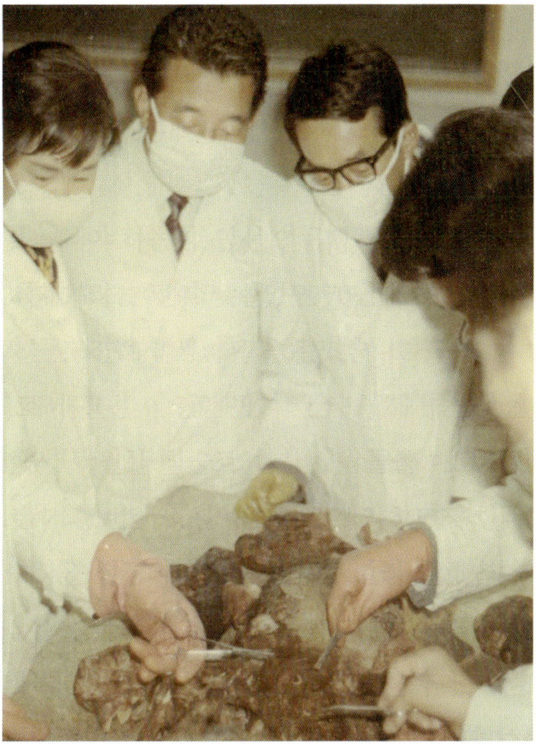

해부학 실습 시간에 (1970년 3월, 맨 왼쪽이 필자)

진 고기를 먹어야 수업의 후유증을 달랠 수 있었다. 그때는 왜 그렇게 좋았는지……. 우리의 고충을 너무나 잘 아셨는지, 신 교수님은 수업이 끝나면 어김없이 강의실을 빠져나가는 학생들을 불렀다.

"고생들 했는데 한잔할까?"

프랑스에서 공부한 신 교수님은 멋을 아는 분이셨다. 학생들과 함께 술을 마실 때도 유쾌하고 재미있는 부분이 많았다. 수업을 마치고 연구실을 찾아가면 교수님은 타자기로 프랑스 관련 서적을 번역하시는 일이 많았다. 일종의 아르바이트였던 셈이다. 그렇게 번 번역료의 일부는 댁에 계시는 사모님께 드리지만, 나머지는 제자들과 함께 소주잔을 기울이는 데 쓰셨다. 교수님이 나를 부르는 날은 바로 번역료를 받는 날이었다.

"영림아! 오늘 번역료를 받아 지갑이 두둑하단다. 그런데 내 지갑이 어디 있는 줄 아니? 요 양말이 바로 내 지갑이다. 하하하."

교수님은 웃으면서 양말을 살짝 접어 내렸다. 양말이 접혀 드러난 발목에는 돌돌 말아둔 지폐가 있었다. 교수님이 비상금을 숨기는 장소가 바로 양말목이었던 것이다. 그리고 교수님이 나와 내 동기들을 부르시는 날은 대부분 '양말 지갑'이 두둑한 날이었다. 교수님이 좋아하시던 곳은 '드럼통'으로 불리는 선술집이었다. 드럼통 몇 개를 개조해 그 안에 연탄을 피워 고기를 구웠는데, 고기와 연탄 타는 냄새가 어우러지면서 맛이 꽤 좋았다. 술잔을 기울이며 의사의 본분에 대한 말씀도 많이 하셨던 기억이 난다.

"영림아! 넌 의술이 뭐라고 생각하니?"

"글쎄요. 의술을 논하기에는 제가 아직 미천합니다."

"무슨 그런 말을……. 아무리 어려도 내가 가고자 하는 길이 어디며, 왜 그 길을 선택했는지를 살펴보는 것은 정말 중요하단다. 내가 너에게 의술에 대해서 말하려는 것도 바로 그 때문이야. 난 의술은 인격이라고 본다. 물론 좋은 의사가 되려면 손재주가 뛰어나야 하지. 그러나 손재주가 뛰어나더라도 좋은 인격이 뒤따르지 않으면 참 의사라고 할 수 없지. 자르고 꿰매고, 그것이 의술의 전부가 아니라는 말이다. 한의사도 마찬가지야. 책에 쓰인 대로 약재를 잘 배합해 약을 만드는 것은 한의학을 배운 사람이면 누구든지 할 수 있어. 의사는 환자를 치료할 때 의술 외에도 하나를 더 갖춰야 한단다. 그게 바로 인격이야."

교수님의 열변을 듣느라 탄 고기를 먹은 적도 한두 번이 아니었다. 교수님은 매사에 도전적인 분이셨던 것으로 기억한다. 일 욕심도, 공부 욕심도 많았지만 무엇보다 세상을 살아가는 도리에 대한 강조를 많이 하셨다. 오늘날 내가 효애(孝愛) 실천운동본부와 같은 사회의식 개조 활동을 하려고 나선 것도 그때 신 교수님에게 많은 영향을 받았기 때문이 아닐까 싶다. 교수님은 세상 돌아가는 모습이 마음에 들지 않으면 주위 누구를 막론하고 강도 높은 비판을 쏟아내셨다. 신 교수님은 실천하는 지성인을 중시하셨다. 자유와 실천은 신 교수님을 나타내는 중요한 키워드다. 교수님은 열변을 토하다가도 밤이 깊어지면 자리에서 일어나 아쉬운 듯 이렇게 말씀하셨다.

"어이 도깨비, 도깨비 이영림, 네가 남자였으면 얼마나 좋았을까? 어깨도 툭툭 치고, 기분 좋으면 어깨동무도 하고 말이야. 이거 참, 여자라서 그럴 수도 없고. 그렇다고 늦은 시간까지 데리고 다니면서 술을 마실 수가 있나? 그래도 네 녀석이 참 좋다."

술이 거나하게 취하면 교수님은 내가 남자가 아닌 것을 아실 텐데도 이런 말씀을 자주 하셨다. 지금 돌이켜보면 교수님의 제자에 대한 관심 표현은 늘 그러셨던 것 같다. 강의실에서는 누구보다도 열정적으로 강의에 임하셨지만, 술잔을 부딪는 자리에서는 소탈한 이웃집 아저씨와 같은 면모를 보였던 그분이 계셨기에 오늘날 나의 의학 철학도 확립되지 않았나 싶다. 특히 신 교수님은 한의학에 대한 애정이 남다르셨다. 양방을 전공하셨지만, 교수님은 우리 한의학이 지금보다 더 발전해야 한다는 철학이 있으셨다. 감히 양방이 범접할 수 없는 한의학의 우수한 가치를 만들어야 한다는 말씀을 자주 하셨다.

"영림아! 학교 졸업하면 나하고 같이 연구하자. 내가 보기에 너는 큰 재목이 될 게다."

"네 그래요, 교수님. 졸업하고 병원을 차리면 수익금의 일부로 교수님과 함께 연구하고 싶어요."

졸업할 시기가 되자 나는 앞으로의 인생 계획을 놓고 교수님과 이런저런 이야기를 나누는 일이 많았다. 우리 두 사람은 만나면 꼭 이야기의 끝을 '연구'로 끝냈다. 누가 먼저 이야기를 끄집어냈는지는 모르지만, 늘 이야기의 흐름은 연구로 향했다. 그때 우리의 꿈은 한의학을 깊이 있게 연구해 훗날 노벨상을 받는 것이었다. 남들이 들으면 허황된 꿈처럼 느껴질 수 있겠지만, 교수님과 나는 정말 진지하게 준비했다. 그리고 교수님은 여기에 대한 비전을 확실하게 갖고 계셨다. 구체적인 복안도 함께였다.

하지만 우리의 계획은 내가 훗날 이란에 가게 되면서 무산되었다. 물론 계획했던 것은 전혀 아니었다. 신 교수님은 내가 이란 왕실 병원에서 근무하는 기간에 안타깝게 세상을 떠나셨다. 내가 교수님을 마지막으로 뵌 것은 1982년 무렵으로 기억된다. 이란 부수상 부인이었던 동료 의사 아작팍트와 함께 서울에 온 나는 교수님을 만나 우이동에 위치한 어느 한정식 집에서 식사를 했다. 그것이 마지막이었다.

"영림아! 내가 프랑스에서 공부할 때 들은 건데 말이야. 카스피안 시 외곽에 가면 집에서 담근 포도주가 유명하다는데 진짜 그러니? 너도 그거 마셔보았니?"

"아니요, 아직 못 마셔보았는데요. 이번에 이란 가면 꼭 들러서 마셔봐야겠네요."

경희대학교 한의과대학 졸업사진 (1974년 2월)

"야! 너는 이란에 그렇게 오래 살면서 왜 아직도 못 마셔봤냐? 이번에 가면 꼭 가봐라. 그게 그렇게 죽여준다고 하더라."

"그러지 마시고 제가 교수님을 한번 모실게요. 이란으로 오셔서 저하고 같이 가요."

"그래, 우리 도깨비, 진짜 대견하다. 말이라도 고맙다. 난 말이야, 사실 우리 영림이가 이렇게 대단한 사람이 될 줄 진작에 알고 있었단다. 넌 말이야, 눈빛이 달라. 그 눈빛이 뭘 말하는지 나는 단번에 알아보았지."

"그렇게 봐주셨다니…… 감사해요. 진짜 빈말이 아니라 제가 이란에 돌아가면 교수님을 꼭 초청할게요. 오셔서 한번 드셔보셔야지요."

"어허, 좋지. 포도주도 마시고 페르시아 일대도 구경하고. 제자를 잘 두니 내가 이런 호강을 다 하네. 허허."

혁명 후 이란에서는 술을 마시는 것이 법으로 금지되었다. 그런 이유로 술이라고는 집에서 담근 포도주밖에 없었다. 술 좋아하시는 신 교수님께 내가 해드릴 수 있는 최고의 선물이 페르시아 포도주였다. 나는 이란으로 돌아가 교수님을 모실 준비를 했다. 하지만 그 약속은 이란 도착 후 이란과 이라크 간 전쟁이 발발하면서 지킬 수 없었다. 그렇게 몇 년이 흘렀을까. 차일피일 미루다 나중에 약속을 지키려고 찾아갔을 때 교수님은 이미 세상에 안 계셨다. 내 인생에서 커다란 영향을 주셨던 스승이 세상을 떠나셨다는 소식을 듣고 나는 큰 충격에 휩싸였다.

경희대 한의과대학 졸업식장에서 가족들과 함께 (1974년 2월)

페르시아 포도주를 마신다고 어린아이처럼 좋아하시던 그 모습을 지금도 나는 잊을 수가 없다. 이란에 오시면 내가 사는 모습과 이란 사람들이 한의학을 어떻게 생각하는지 보여드리려 했는데 그 모든 것이 시간이라는, 또 일상이라는 이름 앞에 무너졌을 때 그 자리에는 회한만이 있을 뿐이었다. 내가 이란에서 커다란 이름을 남긴 의사로 자리 잡게 된 데는 신 교수님의 가르침이 컸다. 그분을 생각하면 지금도 목이 메고 가슴이 미어진다. 학교 앞 드럼통에서 소주잔을 기울이며 노벨상 수상을 꿈꾸던 청년 신상주는 그렇게 세상과 아쉬운 작별을 했다.*

---

* 신상주 교수님은 경희대학교에서 1969년부터 근무하셨고, 1973년 정식 교수로 임용되셨다. 필자가 마지막으로 만난 그 이듬해 1983년 9월 향년 53세의 나이로 타계하셨다.

제 2 장

이란에서 신화를 만들다
골드 핑거,

우연히 찾아온 이란과의 인연

"닥터 리! 닥터 리가 그렇게 영어를 잘하신다면서요? 그러면 이번에 책 번역 한번 해보시겠습니까?"

견비통(어깨 또는 어깨에서 팔에 이르는 부분이 저리고 아픈 신경통) 치료를 받던 주한 이란대사가 치료 후 옷을 주섬주섬 입으며 이렇게 말했다.

"대사님! 제가 무슨 번역을……. 전문 번역가에게 맡기셔야 제대로 번역이 되지요. 제가 영어를 조금 하기는 하지만 번역일은 해본 적이 한 번도 없는데요. 아무리 대사님과 친한 사이라고 하지만 번역이라뇨? 농담이라도 그런 말씀 마세요."

서울에서 한의사로서 꽤 명성을 날리던 나는 우연한 계기로 주한 이란대사 치료를 맡게 되었다. 그는 어깨 통증으로 힘든 나날을 보내고 있던 터였다. 처음 그에게 침술을 포함해 한의학을 설명했을 때가 생생히 기억난다.

"중국에서는 바늘로 병을 치료한다는데, 그게 진짜 가능합니까? 제가 지금 어깨 통증 때문에 몇 년째 고생하는데요. 우리나라를 비롯해 전 세계 유명한 병원을 다 돌아다녔어도 효과를 보지 못했거든요. 그런데 고작 침 하나로 고칠 수 있다고요? 제 이성으로는 쉽게 이해가 되지 않는군요."

"대사님! 한의학의 역사는 수천 년이 넘습니다. 침으로 병을 치료한다는 것은 이미 많은 사람들을 통해 입증됐고요. 물론 경험이 없어서 그런 생각을 하신다는 거 압니다. 하지만 제가 이 부분에서는 전문가니 저를 믿어주세요."

이란대사는 연신 고개를 갸웃거렸다. 하지만 '바늘로 몇 번 찌른다고 해서 뭐 큰일이 나겠냐'는 생각에 내 치료 제안에 쉽게 동의했다.

이란대사는 참 지성적인 인물이었다. 전형적인 외교관의 모습이었다고 할까? 지적이며 교양 있고 세련미가 넘치면서 유머 감각도 갖추고 있었다. 한 나라를 대표하는 외교 사절답게 상대를 배려하는 모습이 몸 전체에 배어 있었다.

몇 번의 치료 후 그는 점점 한의학에 매료되었다. 침을 몇 번 찌르는 것 정도로 한의학을 이해하던 그는 스스로 몸의 변화를 느껴서 그런지 언젠가부터 나에게 전폭적으로 의지했다. 그리고 치료가 마무리될 시점에 이르러 그는 나에게 새로운 번역 일을 제안했다.

학창 시절부터 나는 영어 등 외국어에 꽤 실력이 있다는 소리를 많이 들었다. 그렇다고 내가 사람들 앞에서 영어 실력을 뽐낸 적도 없는데, 갑자기 이분이 왜 나에게 번역 일을 맡기는 것일까? 그의 진짜 의도가 궁금했다. 자기가 아끼는 책이라면 응당 전문 번역가에 맡기는 것이 상식적이지 않은가? 그런데 일개 한의사인 나에게 번역을 맡긴다? 쉽게 납득이 가지 않았다.

그래도 이야기나 들어보자는 심산으로 대사에게 물었다.

"대사님! 그런데 무슨 책인데 저에게 번역을 맡기시는 거예요? 의학 서적인가요? 그런 거라면 양방 쪽 전문가를 찾아보시는 게 좋지 않을까요?"

빙그레 웃으면서 그가 가방에서 책 한 권을 꺼냈다.

표지에는 영문판 제목인 '*The White Revolution*'이라는 글자가 선명하게 쓰여 있었다.

"백색혁명? 이게 뭔가요? 제가 잘 모르는 분야라서……."

"이 책은 우리나라 팔레비 국왕이 쓰신 책입니다."

"팔레비 국왕이오? 그런 책을 왜 제게……?"

팔레비 국왕(재위 1941~1979, 본명은 모하마드 레자 샤 팔레비(Mohammad Reza Shah Pahlevi))에 대해 아는 것은 이란을 통치하고 있는 왕조 국가의 국왕이라는 점과 어릴 적 서양에서 공부를 해 당시 이란 사회를 새롭게 혁신하고 있다는 것 정도가 전부였다.

전국 한의학학술대회에서 주제 발표를 했다 (1975년 9월)

"제목이 재밌네요, 백색혁명. 그런데 왜 제목이 백색혁명이지요?"

"백색혁명은 지난 몇 년간 팔레비 국왕이 주도해온 무혈혁명을 가리키는 말입니다. 서구 언론이 그렇게 지었죠. 나중에 보시면 알겠지만 여기에는 토지 개혁, 교육 개혁, 산림 개발과 같이 국가 경쟁력 강화에 도움이 되는 부분이 세세히 기록되어 있습니다. 국왕께서 각 분야에 대한 자신의 생각을 기록해 앞으로 이란 정부의 정책 기조가 어떤 방향으로 흐를 것인지를 잘 설명하고 있습니다. 영어를 잘하신다고 하니 한번 읽어 보시라고 가져왔습니다."

그 전까지 이란을 비롯한 중동과 관련해 내가 아는 책이라고는 《천일야화(*Alf laylah wa laylah*)》 정도가 전부였다. 그런 나에게 국왕이 쓴 책을 보여주면서 번역을 부탁하다니, 도저히 이해가 되지 않았다.

"대사님! 그래도 한 나라의 국가 원수가 쓴 책을 저 같은 초보 번역가가 번역하다니요. 그럴 수는 없지요. 그건 오히려 팔레비 국왕에 대한 결례가 아닌가요? 아무리 영어를 잘한다고 해도 너무 부담이 되는데요."

평소 입가에 웃음이 끊이질 않았던, 그래서 만면에 너그러움이 가득했던 그가 처음으로 굳은 얼굴로 진지하게 말했다.

"저에게 《백색혁명》의 한글판을 출간하는 것은 닥터 리 말씀처럼 쉬운 일이 아닙니다. 단순히 영어를 잘하고 번역을 잘

MBC 드라마 〈집념〉에서 허준으로 분한 배우
고(故) 김무생(1943~2005) 씨와 함께 (1975년 9월, 뒷줄 오른쪽이 필자)

한다고 해서 되는 게 아니라는 거지요. 제가 신뢰할 수 있는 분에게 국왕 폐하 책의 번역을 맡기고 싶습니다. 제가 평소 닥터 리를 곁에서 보니 매사에 신중한 성격이면서 새로운 것을 알고자 하는 열망이 가득하더군요. 정말 진지하게 말입니다. 지금 대부분의 한국 사람들이 이란에 대해서 잘 모르고 있지 않습니까? 저는 우리 이란에 대해 진지하게 관심을 가져줄 분이 필요합니다."

하긴 그 말이 맞긴 했다. 당시 이란은 우리에게는 너무나 먼 나라였다. 팔레비 국왕이니 수도 테헤란이니 하는 것은 신문, 방송 정도에서나 나오는 것일 뿐 일반인들의 관심사와는 거리가 멀었다.

"아니 그래도 제가 어떻게 국왕 폐하의 책을……."

"그건 모르셔서 하는 말입니다. 제가 보기에 닥터 리라면 충분히 하실 수 있습니다. 더군다나 이란으로 일하러 나가는 한국 근로자들이 한 해에 얼마나 많습니까? 그들에게 이란이라는 나라를 알려주는 것은 정말 중요합니다. 이참에 양국 간 이해를 높인다는 측면에서도 번역은 중요한 의미가 있습니다."

대사의 말을 듣고 나니 부담은 수십 배 더 커졌다.

'이란이라…… 내가 이란에 대해서 아는 게 뭐지?'

대사에게 생각할 시간을 달라고 한 나는 그가 돌아간 뒤 이란에 대해 백과사전을 찾아보았다. 전 국호는 페르시아. 이란 정부는 1935년 '아리아인의 나라'라는 뜻인 이란으로 국호를 바꾸었다. 수도 테헤란은 찬란한 문명을 자랑하는 중동의 요충지였다.

주한 이란대사가 돌아간 후 나는 며칠간 고민했다. 번역 자체가 두려운 것은 아니었다. 그보다 한 나라의 국가 원수가 쓴 책을 번역한다는 것이 더 고민스러웠다. 수천 년의 찬란한 역사를 자랑하지만 근대 국가로의 초석을 다진 지 얼마 되지 않은 나라의 책을 번역한다는 점이 가슴을 옥죄었다. 그러는 사이 가슴 한편에서 왠지 모를 호기심이 발동했던 것은 왜일까? 점차 내 머릿속은 번역에 대한 부담감보다 호기심과 그동안 대사와 맺은 인연에 대한 보답이 더 많은 자리를 차지했다.

다음 번 치료 때 나는 그에게 말했다.

"대사님의 간곡한 청이시기도 하니 한번 해볼게요. 최선을 다할 테니 부족한 부분은 대사님이 좀 메워주셔야 합니다."

"그럼요. 제가 이거 오늘 이 견비통뿐 아니라 그동안 마음속에 가지고 있던 걱정을 한꺼번에 해결했네요. 고맙습니다. 닥터 리, 제가 도울 부분이 있으면 얼마든지 말씀하세요."

대사가 다녀간 뒤 나는 처음으로 《백색혁명》 영문판 책을 펼쳤다. 책 속에는 산림과 방목지의 국유화, 토지 개혁을 지원하기 위한 국유 공장 주식 공매, 산업 소득의 효과적 분배, 문맹 퇴치단 활동, 각종 외교 정책 등 광범위한 국가 정책이 총망라되어 있었다. 어찌 보면 당시 우리나라에서 한창 진행되던 새마을운동과 비슷한 모습이었다.

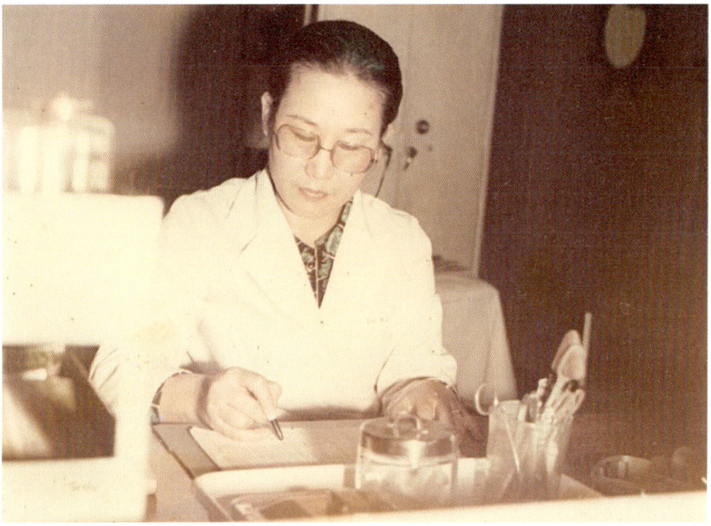

한의원에서 진료 준비를 하고 있다 (1975년 6월)

하지만 도저히 혼자 번역하기에는 역부족이었다.

'그래, 신상주 교수님께 연락드리자. 교수님은 평소에 번역 일도 겸하시니 경험이 많으실 거야.'

곧장 신 교수님께 전화를 드렸다. 전화를 받은 교수님은 흔쾌히 승낙하셨다. 교수님과 통화를 끝낸 후 다시 주한 이란대사에게 전화를 걸었다.

"대사님! 제가 처음 해보는 번역이라 다른 분과 함께 해볼게요. 모교 은사님인데 평소 번역 일을 많이 하시는 분이세요. 교수님이 초고를 잡아주시면 제가 다시 손을 보는 방식으로 진행할 테니 문제는 없을 겁니다. 약속대로 진행하겠습니다."

"닥터 리가 믿고 추천하는 분이니 걱정 안 합니다. 그럼 좋은 원고 부탁합니다."

여러 날 밤을 지새운 끝에 《백색혁명》은 국문판으로 출간되었다.* 이 책은 내가 신 교수님과 함께 작업한 유일한 공번역서다. 이란대사는 무척 흡족해했고, 이란 정부가 나와 신 교수님을 공식 초청하는 데 번역서가 큰 도움이 되었다.

"닥터 리, 이란 정부는 닥터 리의 공로에 감사를 표하는 마음으로 당신과 신 교수님을 공식 초청하기로 했습니다. 경비

---

* 이영림(李榮林)과 신상주(申相柱)의 공역인 《백색혁명》은 모하마드 레자 팔레비 아랴멜 저, 이영림·신상주 번역으로 1976년 주한 이란대사관에서 발행했다. 총 163쪽 분량의 한국어 번역서로서 현재 국립중앙도서관, 경희대학교, 경찰대학교 도서관 등에 비치되어 있다.

아랴멜 유학재단 설립과 《백색혁명》 발간 기념회에서 (1976년 6월)

주한 이란대사관 행사에서 외교관들과 환담을
나누고 있다 (1976년 2월)

는 모두 이란 정부가 책임지겠습니다."

너무나 기뻤다. 그도 그럴 것이 나는 한국을 떠나본 적이 한 번도 없었다. 제주도조차 가본 적이 없으니, 비행기를 타본 적이 없는 것은 말할 것도 없었다. 지금은 누구나 마음만 먹으면 여권을 만들고 외국으로 나갈 수 있지만, 그때는 해외여행이 말처럼 쉬운 일이 아니었다. 해당 국가에서 왕복 비행기 표와 체류비 전액을 부담해야 여권 발급이 가능했다.

안타깝게도 신 교수님은 개인적 사정으로 함께 여행을 하지 못했다. 결국 이란 여행은 나 혼자 해야 했다. 이란 정부의 공식 초청이 있은 이후 나는 지구본과 세계사 책을 사서 틈틈이 보며 진료 외 시간에는 이란에 대해 열심히 공부했다.

'서남아시아에 있고, 수도는 테헤란. 국토 넓이는 164만 8,000km². 북서쪽에서 남동쪽까지 최장 거리는 3,450km, 북동쪽에서 남서쪽까지 최장 거리는 약 1,900km에 이르는 넓은 국토를 지닌 나라. 주요 생산품은 석유와 천연가스. 이 밖에도 석탄, 구리, 철광석도 많이 나오는 자원 부국. 로마제국이 세워지기 전까지 세계사에서 가장 큰 영토를 보유한 페르시아의 후예.'

왕과 왕비가 있고, 낮 12시가 되면 해가 떠오르는 곳을 향해 절을 올리는 신비한 나라. 나는 조만간 그곳을 갈 수 있다는 생각에 며칠 밤잠을 설쳤다. 기원전 6세기 고대 페르시아의 도읍이었던 페르세폴리스 유적도 직접 눈으로 보고 싶었다.

이란 여행으로 한의원 운영에 문제가 있었지만 한 달간 문을 닫는 것 외에는 해법이 없었다. 믿고 오시는 환자분들이 꽤 많았다. 한 달간 병원 문을 닫는 것은 말처럼 쉬운 일이 아니었다. 하지만 나는 남동생에게 한의원을 맡기고 이란으로 떠나기로 결정했다.*

"누가 한의원에 찾아오면 한 달 뒤 다시 오시라고 꼭 말씀드려. 해외에 나갔으니 죄송하다고 하고. 대신 다음에 오시면 더 성심성의껏 잘해드리겠다고 말씀드려야 한다. 한 달 뒤에 꼭 돌아온다고 말이야. 알았지?"

그때만 해도 나는 한 달 뒤 한국으로 돌아와 다시 한의원을 운영할 생각이었다. 그러나 운명의 여신은 나를 그렇게 그냥 내버려두지 않았다. 한 달 후 돌아오리라 다짐하고 떠난 이란 여행이 마무리되는 데는 18년이라는 긴 세월이 걸렸다. 처음에는 단순한 여행이었던 이란 방문이 내 인생의 전환점이 될 줄 누가 알았을까? 찬란한 아랍 문화의 정점에 있는 이란은 내 인생의 황금기를 만들어준 '제2의 고향' 같은 나라다.

* 필자는 경희대학교 한의대를 졸업하고 이란으로 출국하기 전까지 여러 사회 활동에 적극적으로 참여하면서 국내외 유명 인사들과 두루 교류했다.

테헤란,
그 뜨거운
태양의 땅으로

이란의 수도 테헤란에 위치한 테헤란 공항에 도착했을 때, 나는 여러 가지에 놀랐다. 우선 여성의 옷차림이 너무나 극과 극이었다. 테헤란 공항에는 두 부류의 여성이 있었다. 한쪽에 자유로운 복장을 한 여성이 있는가 하면, 다른 한쪽에는 까만 차도르로 전신을 감싼 여성이 있었다. 당시 이란 사회를 보여주는 상징적인 모습이다.

자유로운 옷차림을 한 여성들은 몹시 사치스럽고 화려했다. 어떤 여성은 몸에 붙는 중국풍 스커트를 입고 있었는데, 옆이나 앞뒤로 많이 트여 있어 걸을 때 하얀 속살이 그대로 드러났다. 내가 보기에도 너무 노출이 심하다는 생각이 들었다.

짙은 갈색이나 옅은 갈색으로 머리를 염색한 여성들이 대부분이었다. 큰 키에 늘씬하면서 몸매가 풍만한, 그러면서 크고 검은 눈동자와 매끄러운 피부를 가진 여성을 보고 있자니 같은 여자인 나로서도 그 화려함에 눈을 뗄 수 없었다.

반면 머리끝에서 발끝까지 까만 천으로 둘러싼 여성들은 거의 눈에 띄지 않았다. 차도르 밖으로 나와 있는 것은 신비스러운 눈과 하얀 손 정도가 전부였다. 차도르만 벗으면 그들도 상당한 미인일 것 같은데, 철저한 종교인으로서의 모습이 숙연해 보일 만큼 그들은 현실에 불만 없이 순종하고 있었다.

이슬람권에서 차도르를 입는 여성은 매우 보수적인 교파에 속한다. 이란 사회상이 그랬다. 집권자인 팔레비 국왕이 차도르를 벗어던지자며 계몽 운동을 벌이고 있었지만, 전통을 고수하려는 움직임 또한 거셌다. 서구에서 자란 팔레비 국왕 입장에서는 차도르로 온몸을 칭칭 싸맨 여성들의 옷차림새가 너무나 답답해 보였을 것이다. 반대로 전통을 던져버리자고 주장하는 국왕의 모습은 종교 지도자들에게는 이해가 되지 않았다. 이러한 반목과 갈등은 훗날 이슬람 시민 혁명의 도화선이 되었다. 외세를 등에 업고 집권한 팔레비 국왕을 몰아내고 제2차 세계 대전 이후 처음으로 민중 혁명을 일으킨 이들이 바로 이들 보수 세력이다.

비행기가 활주로로 들어서자 후끈한 땅의 열기가 피부로 느껴졌다. 여기가 바로 열사(熱沙)의 땅 이란이다. 짐을 찾아 밖으로 나서자, 이란 정부 관계자들이 내 이름이 쓰인 팻말을 들고 서 있었다.

테헤란의 중심가에서 (1976년 10월)

“제가 이영림입니다. 이렇게 나와주셔서 감사합니다.”

“어서 오세요, 닥터 리. 한국에 계시는 대사님께 이야기 많이 들었습니다. 환영합니다. 이란은 당연히 처음이시죠?”

“네, 그렇습니다. 한국 사람들 중에서 여기 이란에 와본 사람은 많지 않을 겁니다. 물론 그래서 제가 초청된 걸로 알고 있고요. 다시 한 번 초청해주셔서 감사합니다.”

“아닙니다. 듣기로는 이번에 한국에서 국왕 폐하의 책을 번역하셨다고요. 수고하셨습니다. 현재 이란은 속도는 빠르지만 매우 올바른 방향으로 발전해나가고 있습니다. 저희 스스로도 변화의 바람을 피부로 확 느낄 정도지요. 이번에 오셔서 우리 이란이 어떤 곳인지 잘 살펴봐주시기 바랍니다.”

공항을 빠져나와 이란 정부가 마련한 메르세데스 벤츠 S350을 타고 가면서 이란 관광성 관리는 이란의 변화상에 대해 자세히 설명해주었다. 여장을 풀기 위해 우리는 이란 정부가 마련한 테헤란 인터컨티넨탈 호텔로 향했다. 당시 테헤란 거리에는 부서진 차들과 폐타이어가 널브러져 있었다. 아무도 치우지 않은 걸로 봐서 이란 사람들은 그런 것에는 아예 관심이 없는 듯했다. 테헤란에 오기 직전 나는 인도 뭄바이에서 비행기를 갈아탔다. 시간이 남아 뭄바이 시내로 향했는데, 빈국의 땅 뭄바이는 가난한 사람들로 거리가 넘쳐났다. 반면 이란은 세계 전체 석유 매장량의 9%를 차지하는 석유 부국인 만큼 굳이 길거리 쓰레기를 재활용하지 않아도 삶에 아무런 영향이 없는 자원 부국이었다.

"첫인상이 이란은 참 부자 나라인 것 같습니다."

"아닙니다. 이제 막 개혁에 들어갔으니 아직은 좀 더 지켜봐야죠. 이란의 변화는 이제부터가 시작이라고 보시면 됩니다."

이튿날 호텔 밖에 차 한 대가 대기하고 있었다. 목적지는 왕궁이다. 차를 타고 왕궁을 들어가는데 경비병들이 서 있었다. 세상에 이렇게 편한 자세가 있을까. 청와대나 버킹엄 궁전 근위대와는 천양지차다. 말이 서 있는 것이지, 사실상 기대고 있다고 봐야 한다. 되레 그들은 나를 보더니 씩 웃으며 반겼다.

왕궁에서 나를 기다린 사람은 팔레비 국왕의 부인인 파라 왕비였다. 팔레비 국왕은 다른 나라 대통령이 찾아와 잠시 출궁한 상태였다. 파라 왕비는 마치 동화책에 나오는 왕비처럼 조각같이 아름다웠다. 1979년 이슬람 혁명이 터지고 망명길에 오른 뒤 팔레비 국왕이 사망하면서 41세에 미망인이 된 파라 왕비의 삶은 굴곡 많은 이란 현대사를 그대로 보여준다. 팔레비 국왕이 사망한 후 미국에서 망명 생활을 했지만 당시 내가 본 그녀는 우아함 그 자체였다. 프랑스에서 교육을 받은 파라 왕비는 전체적인 분위기가 매우 세련된 느낌이었다. 당시 그녀는 여성 계몽 운동에 적극 앞장서고 있었다.

"왕비님, 이분이 예전에 말씀하셨던 한의사 닥터 리인가요?"

파라 왕비와 이야기를 나누던 중 한 여성이 들어왔다.

"닥터 리, 인사하세요. 팔레비 전하의 쌍둥이 누나인 아슈라프 공주십니다.”

“아! 안녕하세요. 공주 마마.”

“한국에서 오셨다고 들었습니다. 침 하나로 환자를 치료하신다고 들었는데요. 그게 정말 가능한 일인가요?”

“물론입니다. 공주 마마.”

몸매는 자그마했지만 아슈라프 공주는 파라 왕비와는 정반대로 남성적 기질을 가진 여성이었다.

이란에서의 내 일정은 공항에 마중 나온 관광성 관리가 동행했다. 그는 테헤란 이곳저곳을 구경시켜주면서 이따금씩 왕실 사람들을 소개해주고 이란의 고대 박물관과 유적지를 안내하는 데도 적극적이었다.

“닥터 리, 페르시아 양탄자의 이름은 들어보셨지요? 지금 제가 양탄자를 기가 막히게 잘 짜는 분을 만나게 해드릴게요. 어떤지 한번 보세요.”

그가 안내한 곳에서 만난 공인은 양탄자를 신들린 듯한 손놀림으로 짰다. 그러면서도 섬세하게 디자인했다.

“닥터 리, 이거 하나 만드는 데 얼마나 걸릴 것 같으세요?”

잘 몰라 머뭇거리자 그는 족히 2년은 걸린다고 말했다. 색상과 색실이 교차되어 디자인된 페르시아 양탄자의 문양은 얼핏 보면 붓으로 그림을 그린 듯했다. 이 모든 것이 100% 수작업이었다.

“이란은 정말 대단한 나라 같아요. 오랜 역사와 전통을 가진 나라답게 여유가 있고요. 우리 한국도 빨리 이렇게 경제가 좋아지면 좋겠습니다."

내가 본 이란의 모습은 그 자체로 신선한 자극이었다. 훗날 우리나라가 훨씬 빨리 발전하면서 전세가 역전되었지만, 당시 내 눈에 비친 이란의 생활상은 부러움의 연속이었다. '우리나라도 이렇게 자원이 많으면 얼마나 좋을까?' 이런 생각을 수도 없이 했다. '기름 한 방울 나지 않는 우리에게 이러한 번영의 기회가 찾아올까?'

그러나 우리 국민은 그 꿈을 이뤄냈다. 세계가 우리의 경제성장에 찬사를 보내는 것도 바로 이런 이유 때문이 아닐까?

우리나라에서 관광지로 빼놓을 수 없는 곳 하나가 사찰일 것이다. 이란 역시 마찬가지다. 이란의 고도인 이스파한에 갔을 때 일이다. 거대한 돔과 조화를 이루며 하늘 높이 치솟아 있는 기둥 두 개가 눈에 들어왔다. 특히 형형색색의 타일로 치장된 기둥은 보는 이의 마음을 설레게 했다.

"우아! 저게 뭐지요? 정말 아름다워요."

"닥터 리, 잘 보셨습니다. 이슬람 사원입니다. 닥터 리는 역시 여성분이라서 아름다움을 보는 안목이 탁월하십니다."

그의 칭찬에 내 어깨가 으쓱해졌다.

그런데 자세히 보니 참으로 놀라운 것은 두 개의 둥근 기둥(내부에는 나선형 계단이 있다) 중 한쪽이 흔들리면 다른 한쪽도 함께 흔들린다는 것이었다. 어떤 원리로 지었기에 이런 현

이란의 고도 이스파한에 있는 사원의 탑에 올라가보았다 (1976년 9월)

상이 나타나는 것일까?

관리의 설명이 이어졌다.

"서양의 과학자들이 왜 이런 일이 일어나는지 규명하려고 조사했지만 결국 확인하지 못했습니다. 참으로 놀라운 일이지요."

요즘에는 기둥 탑 위로 올라가 탑을 흔드는 것이 금지되어 있지만, 당시 내가 이란에 있을 때만 해도 반대편 기둥 탑이 정말로 흔들리는지 보기 위해 사람들이 꼭대기로 올라가서 기둥 탑을 흔드는 것이 일반적인 모습이었다.

이슬람 경전 《코란》에는 무슬림은 하루에 다섯 번 기도해야 한다고 나와 있다. 이른 아침, 정오, 오후 4시, 해가 진 직후, 잠자리에 들기 전이다. 이처럼 예배 시간이 잦은 것은 신에게 몸과 마음을 바쳐 완전히 복종하기 위해서다.

사원의 거창한 돔은 신도들이 모여 기도하는 곳이고, 기둥은 예배 시간을 알리는 신호를 보내는 곳이다. 확성기나 스피커가 없던 시절에는 사람이 그 기둥 속을 올라가서 양쪽이 트인 지점에서 바깥을 보고 노래처럼 음정이 있는 소리로 크게 외치곤 했다.

무엣진(Muezzin)* 이 신자들의 집합을 알리는 《코란》의 구절을 예배당에서 성가를 부르듯이 큰 소리로 읊었던 것이다.

---

* 이슬람 사원의 탑이나 문간에서 예배하러 오라고 알려주는 사람을 말한다.

그 구절은 '알라후 아크바르(Allāhu Akbar)', 즉 '알라는 위대하다'로 시작되어 '알라는 위대하다'로 끝을 맺는데 기도 시간마다 구절이 조금씩 바뀐다. 이른 아침 기도 시간을 알리는 부름에는 예배가 잠보다 낫다는 구절이 들어가 있다.

부름을 받은 신자들은 사원으로 몰려온다. 사원 한쪽에 마련된 분수나 수도 시설에서 손발과 얼굴을 깨끗이 씻은 뒤 예배당에 들어가 알라에게 경배를 드리는 게 일반적인 예배 형태다. 예배는 반드시 사원이 아니어도 된다. 여행 중 예배 시간이 되었다면 발등과 팔에 물을 바르고 약식으로 씻은 뒤 메카(Mecca), 즉 사우디아라비아에 있는 성전을 향해 절을 한다. 또한 사막을 여행하는 도중 예배 시간이 되면 물 대신 깨끗하고 부드러운 모래로 손발을 씻고 예배를 드린다.

이란 사람들은 오랜 역사와 전통을 지닌 국민답게 여유가 있었다. 그리고 인내심이 강한 국민처럼 보였다. 이란인들의 국민성을 알 수 있는 단적인 예로 난간을 들 수 있다. 이란의 건물들은 대부분 낙하 방지용 난간이 설치되어 있지 않다. 그만큼 사람들이 조심스럽고 침착하다는 것을 의미한다.

이란인들의 조심성은 화재 사건만 보더라도 알 수 있다. 1976년에 이란으로 건너가 1994년 귀국할 때까지 나는 테헤란 시내에서 일어난 화재를 단 두 건밖에 보지 못했다. 시민 혁명 때 혁명군들이 차에 불을 지르고 은행과 극장 등에 방화하는 것은 보았지만, 실수로 일어난 화재는 내 기억으로 단 두

차도르를 입고 찾은 테헤란 근교 이슬람 사원 (1997년 11월)

건뿐이었다.

묵묵히 때를 기다릴 줄 아는 이란인들. 오랜 전통과 문화를 지키려고 노력하는 그들에게서 나는 솔직히 부러움을 느꼈다. 세상일 중에서 하루아침에 이루어지는 것이 과연 얼마나 될까. 훌륭한 예술품도 예술가의 피땀 어린 노력 끝에 완성되는 법이다. 물론 컴퓨터 프로그램이나 발명품도 마찬가지다. 기회가 오지 않는다고 불평하는 것보다는 때로는 묵묵히 때를 기다릴 줄 아는 사람이 기회를 얻을 가능성이 높다. 빨리빨리 서둘다 보면 마음의 중심을 잃게 된다. 그러다 보면 눈앞에 닥친 기회도 놓쳐버리게 된다. 그것이 인생인 듯하다.

황금 손가락의 전설이 시작되다

"굿모닝, 닥터 리. 이란에 오신 지 이제 이틀이 지났네요. 어떠세요? 지낼 만하신가요? 닥터 리의 고국인 대한민국과는 날씨가 많이 다르지요?"

호텔 로비에서 만난 관광성 직원이 환하게 웃으며 말했다. 그랬다. 이란은 여러 면에서 당시 우리나라와는 많이 달랐다. 당시 우리나라가 경제 도약을 준비하는 시기였다면, 이란은 막대한 석유로 이미 상당한 부를 축적한 나라였다. 지금은 우리나라도 훨씬 잘살게 되었지만, 당시 상황은 그렇지 못했던 것이 사실이다. 그래서 나는 여러 면에서 이란 사회가 부러웠다. 사회 전반에 깔려 있는 안정감은 나로 하여금 조금씩 이란에 매료되게 만들었다.

나는 애초부터 이란에 갈 때 한 달 정도 여행을 다닐 생각이었다. 살면서 해외여행은 물론 제대로 된 여행은 처음이었던 나는 이참에 이란에 머물면서 그동안 바삐 살아온 나를 되돌아볼 생각이었다. 그만큼 나의 삶은 바쁜 일과의 연속이었다. 대학 재학 중 간디스토마라는 병에 걸려 우여곡절 끝에 병마와 싸워 이기고 진로를 바꿔 한의사라는 새로운 길로 들어섰으며, 이제는 어엿한 개업의가 되었다. 지난 생활을 돌이켜보면 내 스스로가 정말 대견했다. 한편 그러다 보니 내 자신에게는 늘 너무나 엄격했다. 나를 위해 보내는 시간이 정말이지 부족했다. 그런 상황에 찾아온 뜻밖의 이란 여행은 내 인생에 전환기처럼 다가왔다.

애당초 이란에서 한 달간 머문 뒤 다시 한국으로 돌아간다는 계획을 갖고 있었다. 그런 내가 이란에서 십여 년을 살았다는 것은 지금 생각해도 믿기지 않는다. 이는 전혀 내가 예상하지 못한 것이었다. 당시 이란 국내법에 따르면, 외국인은 모국이 발행한 의사 면허증이 있더라도 이란에서 별도의 의료 과정을 이수하지 않으면 환자를 진료할 수 없도록 되어 있었다.

그런데 어디서 소식을 들었는지 내가 한의사라는 것을 알고는 여기저기서 나를 찾아왔다. 물론 한국인들이 대부분이었다. 당시 테헤란에는 한국인이 500명가량 있었다. 대사관 직원, 항공기 정비 기술자, 종합무역상사 직원, 건설사 직원 등이 대부분이었다. 이들은 어디서 소식을 들었는지 호텔로 찾아와 나에게 진료를 부탁했다. 안 할 수도 없고 할 수도 없는 난감한 상황에 이르렀다.

더군다나 교민회에서는 내가 방문한 사실을 알고는 나에게 강연을 요청했다. 물론 지금도 강연은 내가 좋아하는 것이다. 당시에도 나는 진료가 아닌 강연이어서 흔쾌히 수락했던 기억이 난다. 강연회에서 나는 집에서 응급 시 스스로 할 수 있는 간단한 치료법과 아기를 키울 때 유의할 점, 환절기와 동절기를 건강하게 보낼 수 있는 법 등을 자세하게 설명했다. 오랜만에 한의사를 만난 교민들은 나를 따뜻하게 대해주었다. 강연을 통해 나는 우리가 같은 한민족 동포임을 새삼 느낄 수 있었다.

그러는 사이 어느덧 비자 만료일이 다가왔다. 한국으로 돌아갈 시간이 얼마 남지 않았다. 이란에서의 아름다운 추억과 작별해야 할 시간이 얼마 남지 않았다는 생각에 나는 이란 구석구석을 세심히 둘러보았다. 그 와중에 뜻하지 않은 일이 생겼다. 이란에 도착했을 때부터 나를 안내한 관광성 직원이 하루는 병원 한 곳을 견학시켜주겠다고 제안한 것이다.

"닥터 리, 오늘은 병원에 한번 가보시지요. 닥터 리가 의사시니 아무래도 의료 시스템에 관심이 많으실 것 같아 미리 병원 쪽에 말을 해두었습니다."

"네, 좋아요. 그렇지 않아도 궁금했는데 한번 가보고 싶어요. 그런데 어디지요? 오늘 가는 병원이?"

"왕실 병원이오. 왕족이나 고위 관료만 이용할 수 있는 이란

이란 여행 중 왕실 병원을 둘러보았다 (1976년 9월)

최고의 병원이라고 할 수 있습니다.”

사실 그랬다. 내가 가본 이란 왕실 병원은 크고 깨끗했다. 이란 보건사회부 차관이 병원장을 맡을 만큼 정부의 애정은 대단했다. 병원장은 외국에서 의학을 공부하고 돌아온 외과 전문의였다. 당시 이란은 보건사회부 차관이 모두 5명이 있었다. 이들은 공중 보건부터 의료 진료, 복지 행정 등 각자 업무가 분담되어 있었으며, 내가 만난 병원장은 이란의 의료 실무를 책임지는 최고 책임자 가운데 하나였다. 지금도 그렇지만 이란에서 의사에 대한 존경심은 상당하다. 이슬람 국가답게 성직자에 대한 존경심이 가장 높다면, 그다음으로 사회적 존경을 한 몸에 받는 것이 의사다. 사람의 생명을 다루는 직업이기 때문에 이란 사회에서 의사는 사회적 지위가 높았다.

주요 왕실 병원 의료진은 상당수가 영국, 프랑스, 독일 등 서구 유럽에서 공부를 마친 뒤 귀국한 유수 인력이었으며, 내가 만난 병원장은 영국에서 의학을 공부하고 인턴 및 레지던트 생활을 경험한 뒤 이란에서 활동하고 있는 이란 최고 외과 의사 중 한 사람이었다.

그의 설명을 들으며 병원 이곳저곳을 둘러보았다. 견학이 끝날 즈음 그가 나에게 물었다.

“닥터 리, 시간이 되시면 제 방에 가서 차 한잔 하시겠어요?”

정부 고위 관료의 호의를 차마 거절할 수 없어서 나는 흔쾌히 그를 따라갔다.

"아! 그러시지요. 그러고 보니 차 한잔 마시고 싶네요."

이란 최고 의료 기관을 대표하는 자리답게 그의 집무실은 크고 으리으리했다. 유럽 최고위층 사무실에 온 것 같은 착각이 들 만큼 그의 사무실은 품격이 있었다. 아시아의 이름 없는 나라에서 온, 그리고 양방 의사가 아닌 전통 의학인 한방을 전공한 나에게조차 최대한 친절을 베푸는 그를 보면서 새삼 이란을 다시 보게 되었기에 그의 제안이 왠지 싫지만은 않았던 것 같다.

이런저런 이야기를 나누던 중 그가 답답함을 호소했다.

"닥터 리, 제가 궁금해서 물어보는데요. 혹시 한국에서 마이그레인(migraine, 편두통)을 치료해본 적이 있나요?"

"마이그레인요? 증상이 어떠신데요?"

마이그레인은 서양인들에게는 불치병과 같은 존재였다. 치즈와 같은 지방질이 많은 음식을 자주 섭취하는 서양인들이 잘 걸리는 것이 마이그레인, 즉 한방에서는 담궐두통(痰厥頭痛)이라 부르는 병이다. 한국에서 종종 마이그레인을 치료해 본 적이 있기에 나는 외국인과 한국인이 증상 면에서 어떤 차이가 있는지 궁금했다. 그는 집게손가락으로 머리를 가리키며 인상을 썼다. 그가 인상 쓰며 말하는 모습을 그때 처음 보았다.

"머리를 앞으로 숙이면 눈이 빠질 것처럼 아픕니다. 속에서는 구역질이 나고 미치겠어요. 마치 조그만 난쟁이가 머릿속에 들어가서 송곳으로 머리를 쑥쑥 찌르는 느낌이라고 할까요? 정말 미치겠어요. 도저히 일을 할 수 없을 정도예요. 제가 이걸 15년 동안 앓고 있어요. 한 달에 한 번씩 통증이 오는데 통증이 시작되면 일주일은 정말 정신이 없어요."

예전에도 담궐두통을 치료해본 적이 있던 나는 그의 증상을 들으면서 세계 어느 나라나 증상은 비슷하다는 느낌을 받았다. 한국에서 담궐두통이 별다른 주목을 받지 못하는 것은 그에 적합한 한약재가 있기 때문이다. 환자의 상태를 봐가며 치료에 적합한 약재를 찾을 수 있다는 것은 환자에게나 의사에게나 더할 나위 없이 큰 축복이다. 하지만 이란은 상황이 달랐다. 담궐두통을 유발하는 원인은 도처에 깔려 있지만, 문제는 이를 치료할 수 있는 치료제가 거의 없다는 데 있었다.

한방에서는 증상별로 분류하여 한약으로 치료한다. 한방에서 말하는 담(痰)이란 소화 능력이 떨어지면서 발생하는 노폐물이다. 굳이 비유적으로 설명하면 물을 오랫동안 담아둔 그릇을 보면 겉에 미끌미끌한 물때가 끼는데, 바로 이 물때를 담이라고 보면 된다. 병원장의 말을 듣고 나는 잠시 생각에 잠겼다. 그가 심각한 얼굴로 다시 내게 물었다.

"닥터 리, 너무 부담 갖지 마세요. 제가 이 병 때문에 영국, 프랑스, 독일 등 유명한 병원에 가서 치료를 받았는데 결국 다 시간만 낭비하고 말았어요."

병이 지긋지긋하게 느껴졌는지 그는 고개를 절레절레 흔들었다. 안타까웠지만 달리 방법이 없었기에 가만히 그의 말을 듣고만 있었다. 그러자 그가 다시 나에게 물어왔다.

"마이그레인은 한방에서도 마땅한 치료법이 없는 건가요? 한방으로도 안 되겠지요?"

'어라? "안 되겠지요?"라니, 말이 좀 이상하네.'

그의 말투에는 병에 대해 체념한 듯한 부정적인 뉘앙스가 깔려 있었다. 그러나 내 귀에는 그 말이 '한방도 역시 안 되지?'라는 소리로 들렸다. 기분이 나빴다. 수천 년의 유구한 역사를 자랑하는 한방으로 안 된다니, 도저히 자존심이 허락하지 않았다.

"일단 된다, 안 된다는 말을 하지 않겠습니다. 우선 테스트부터 해봐야 하는데요. 원장님, 이렇게 하시지요. 제가 출국하기 전까지 열 번 정도 치료를 해보겠습니다. 물론 침으로 말이지요. 그렇게 하고 나서도 별다른 호전이 없으면 그때 말씀드릴게요. 딱 열 번입니다. 열 번!"

그런데 문제가 있었다. 당시 나는 이란에서 정식 인가를 받지 않은 상태라 환자를 치료할 수 없었다. 우리 동포들이야 이따금씩 진료했지만 정식으로, 그것도 이란 고위 관료를 직접 진료하는 것은 자칫 의료법 위반으로 처벌 받을 수 있었다.

"그런데 원장님, 제가 진료 허가를 받지 못했거든요. 보건사회부 차관을 맡고 계시니 잘 아시겠지만, 이 나라 법에 따르면 원장님을 치료하는 것은 불법입니다. 언제 한번 한국에 오세요. 한국에 오시면 제가 책임지고 열 번 이내로 고쳐보도록 하겠습니다."

희망을 찾은 듯했던 그의 얼굴에 다시 그림자가 드리워졌다.

"진료 허가요? 그 문제라면 걱정 마십시오. 병을 치료할 수만 있다면, 제가 제 자리를 걸고 어떻게든 닥터 리에게 진료 허가를 내드릴 수 있습니다. 닥터 리만 괜찮으시다면 체류 비자도 연장할 수 있고요."

"그래요? 그럼 좋습니다. 사전에 말씀드리지만, 저는 담궐두통을 침으로 치료합니다. 그러려면 맥부터 보아야 하니 팔을 걷어보세요."

실맥(實脈). 그렇다. 병원장의 맥은 우리와 너무나 달랐다.

'야! 실맥이네. 더운 데서 살아서 그런지 맥부터가 다르네.'

당시 우리나라 사람들은 균형을 갖춘 영양을 섭취하지 못해서 대체로 허맥(虛脈)이었다. 반면 어려서부터 기름진 음식으로 생활한 중동 사람들은 상당수가 팍팍 뛰는 실맥을 갖고 있었다. 손가락을 살짝만 대도 솟구치는 기운이 느껴지는 것이 바로 실맥이다.

이란 등 중동 지방 사람들은 태중에 있을 때부터 양질의 단백질을 공급 받기 때문에 기가 실하고 맥도 실맥인 사람이 많다. 아시안 게임 등 주요 스포츠 경기에서 이란, 이라크 등 중동 국가 출신 선수들이 역도, 레슬링처럼 힘쓰는 분야에서 두드러진 활약을 보이는 것도 근원적으로 보면 다 이유가 있다.

그런데 실맥 뒤에 따라오는 기운이 심상치 않았다. 바로 담궐두통으로 인한 맥의 변화처럼 보였다.

'내게 침이 있으니, 침으로 이 담을 흩어버리면 생각보다 쉽게 치료가 되겠는걸!'

"정말 가능한가요? 열 번이오? 치료가 된다면 얼마든지 가능합니다. 요즘도 이 마이그레인 때문에 아주 미칠 지경이에요. 아무리 센 진통제를 먹어도 30분이면 효과가 사라지는데, 제가 아주 미치겠어요. 닥터 리가 이렇게 도와주신다고 하니 말씀이라도 듣기 좋네요."

천병(天病), 하늘이 사람을 벌하기 위해 내린 병. 당시 이란인들이 생각하는 담궐두통이 바로 그랬다. 천병을 얻은 사람이 생각하는 병은 숙명처럼 받아들여야 하는 대상이다. 고치려 해도 고칠 수가 없다. 하늘이 내린 것이기 때문이다. 병원장의 말도 그런 느낌이었다. 무엇을 잘못했는지는 알 수 없지만, 하늘이 내려준 것이기에 숙명으로 여겨야 하는 병이 그의 마이그레인이었다. 그런 천병을 치료해보겠다는 말에 그가 격한 반응을 보인 것도 생각해보면 무리는 아니다.

한 번, 두 번, 세 번…….

천병의 덫에서 빠져나온다면 어떤 것이라도 할 수 있다는 듯, 그는 정확한 시간에 고통을 참아가며 침을 잘 맞았다.

"닥터 리가 여기 오기 불편하면 제가 닥터 리가 묵고 계신 호텔로 가겠습니다. 병을 치료한다고 하면 저는 뭘 해도 상관이 없습니다."

"아니, 그러실 필요까지는 없어요. 원장님도 자리를 비우시면 안 되고, 저도 이참에 테헤란 시내 구경을 한 번이라도 더 할 수 있으니 오히려 잘된 셈이에요."

"고맙습니다. 닥터 리 같은 의사가 많으면 우리 이란도 벌써 강대국이 되었을 겁니다. 당신처럼 책임감 있는 사람이 많으면 말입니다. 그런데 아쉽게도 그런 사람이 많지 않네요. 좋습니다. 당신만 괜찮다면 저는 오케이입니다. 연락만 주고 오세요. 닥터 리라면 언제나 환영이니까."

나는 그와의 약속을 철저히 지켰다. 그와 만나기로 한 날은 제시간에 맞춰 방문을 두드렸다. 1분도 늦은 적이 없을 만큼 시간 약속을 철저히 지켰다. 그와의 만남은 단순히 치료를 위해서뿐 아니라 한방 의사에 대한 좋은 인상을 심어줄 절호의 기회라는 생각에 나는 약속 시간을 무엇보다 소중히 여겼다.

그렇게 나는 계획보다 이란에 더 오래 머물게 되었다.

나는 매일 병원장을 찾아가 30분씩 침을 놓았다. 침을 놓은 지 7일째. 일곱 번째 치료를 받자 차도가 나타나기 시작했다. 그 스스로가 자신의 몸이 달라지는 것을 느꼈다.

"닥터 리, 신기하네요. 침을 맞고 난 뒤로, 주기적으로 반복되던 두통이 사라졌어요. 이러다 다시 재발하는 건 아니겠지요?"

그는 치료 속도도 일반인보다 빨랐다. 맨 처음 그에게 10회 치료를 약속했지만, 5회를 넘기면서 치료에 어느 정도 자신감이 붙었다. 그때부터는 언제쯤 그에게 완치를 말해야 할지 고민했다고 해도 과언이 아니다. 그만큼 치료에 대한 그의 반응은 빨랐다.

그로부터 이틀 후, 그러니까 두 번 정도 침을 더 맞은 뒤 나는 그에게 자신 있게 말했다.

"아시다시피 제가 병원장님께 10회 치료를 약속했는데, 오늘까지 합쳐서 아홉 차례면 이제 완치됐다고 해도 될 것 같네요. 원장님도 느끼시겠지만, 더 이상 비슷한 증상의 두통은 나타나지 않을 겁니다."

그는 이 같은 사실이 믿기지 않는다는 듯 내 눈을 한동안 쳐다보았다. 의사인 자신이 환자 입장에서 기적 같은 일을 경험한 것이 믿기지 않는다는 눈빛이었다. 왜 그렇지 않겠는가. 무려 15년 동안 그를 괴롭혀왔던 천병을 단 9일 만에 말끔히 치료했으니 당연히 그럴 수밖에.

"닥터 리, 이게 한방의 힘인가요? 서양 의학을 공부한 저로서는 도저히 믿기지가 않네요. 침이 도대체 뭔데, 이 조그만 침이 수많은 약으로도 치료하지 못한 것을……. 중국 사람들에게 이야기는 들어봤지만, 내 눈으로 직접 침을 본 건 처음이에요. 더군다나 이렇게 깨끗이 완치되다니 놀랍습니다."

다음 날 왕실 병원에는 이상한 소문이 돌았다.

'한국에서 온 의사가 병원장의 마이그레인을 치료했다. 그의 손은 천병도 깨끗이 낫게 하는 골드 핑거(gold finger)다.'

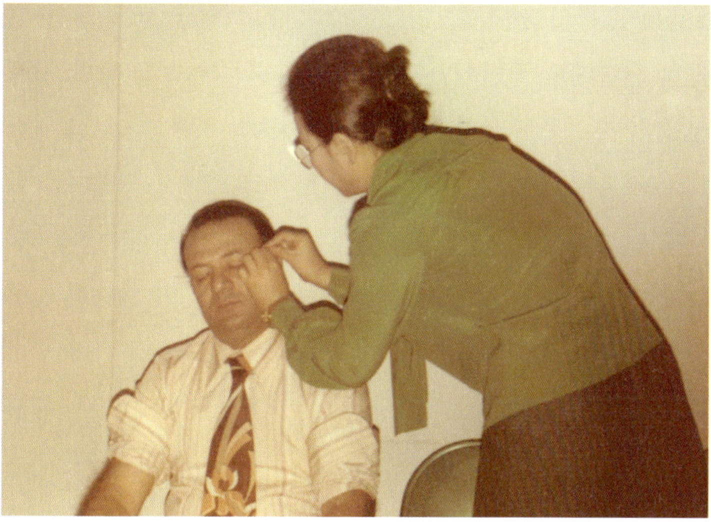

담궐두통을 앓는 고위직 관료를 침으로 치료했다 (1977년 3월)

물론 소문의 진원지는 병원장이었다. 자신을 15년 동안 괴롭힌 질병에서 해방되었다는 게 믿기지 않는다고 말한 것에서 출발한 소문은 삽시간에 병원 전체로 퍼졌다. 다음 날 원장에게 마지막 인사를 하러 간 나는 병원 로비에서부터 나를 바라보는 시선들이 달라졌음을 직감할 수 있었다. 평소에는 별다른 내색을 하지 않던 병원 직원들이 하나같이 반갑게 인사하는가 하면, 내가 지나갈 때마다 손가락으로 가리키며 수군대는 사람들도 부쩍 늘어났다. 처음 병원을 방문했을 때 나를 보던 것과는 확연히 달랐다.

'뭐야! 사람 뒤에서 수군대고. 이상한 사람들이네.'

그때 한 남자 간호사가 다가와 반갑게 인사했다.

"닥터 리시지요? 이야기 많이 들었습니다. 그렇게 침을 잘 놓는다면서요? 언제 기회가 되면 한번 보고 싶네요. 저도 말만 들었지, 직접 침을 놓는 것은 본 적이 없거든요."

"네, 그래요. 어렵지 않아요. 궁금하면 언제든 말씀하세요."

그와 이야기를 나누다 보니 어느새 발걸음은 병원장 집무실 앞에 다다랐다.

"어서 와요. 닥터 리를 만나는 건 언제나 즐거워요. 저는 당신이 언제 올지 정확히 알 수 있지요. 늘 그렇듯 정해진 시간에 오시니까요."

마치 다시 태어난 듯 병원장의 말끝에서 경쾌함이 느껴졌다.

"병원장님, 이제 돌아갈 시간이에요. 약속한 날보다 한 달가량이나 지체되었답니다. 한국에 있는 병원을 언제까지 비워 둘 수는 없거든요. 지금까지 호의를 베풀어주신 데 감사드립니다. 제가 언젠가 여기를 다시 올지 아니면 병원장님이 한국에 오실지 아무도 모르지만, 어쨌든 원장님을 다시 뵐 수 있었으면 좋겠네요."

그는 마치 자기 혈육이 타향으로 떠나는 것처럼 아쉬워했다.

"닥터 리, 꼭 돌아가야 합니까? 개인적으로 당신의 의술을 직접 경험할 수 있어서 정말 좋았는데……. 붙잡고 싶어도 이를 어쩐다……."

중얼거리듯 그는 말꼬리를 흐렸다. 이제 내 머릿속에는 돌아가 밀린 병원 일을 어떻게 해야 하는지에 대한 생각만 가득했다.

잠시 뒤 뭔가가 생각났다는 듯 그가 내 손을 잡으며 말했다.

"닥터 리, 일단 호텔로 돌아가세요. 가서 귀국 준비부터 하세요. 그리고 오늘 누가 급히 닥터 리를 만나고 싶어 하는데, 혹시 저녁 약속 있으세요? 없으면 함께 저녁을 하십시다!"

"누구신데요? 뭐 특별한 약속은 없지만, 어떤 분인지 알려주시면 마음의 준비라도 할 수 있을 것 같은데요."

병원장은 속뜻을 의도적으로 숨기는 듯 나와 눈을 똑바로 마주치지 않았다.

"만나보시면 압니다. 아주 좋은 분이에요. 닥터 리가 알아서 절대로 해가 될 분이 아니니 염려 놓으세요."

그길로 호텔로 돌아간 나는 그때부터 걸려오는 전화로 몸살을 앓았다. 이전까지만 해도 평온했던 나의 테헤란 여행은 그 순간부터 완전히 깨졌다.

"닥터 리시죠? 왕실 병원에 근무하는 제 친구에게 이야기를 들었습니다. 저도 두통이 심한데 치료를 받을 수 있을까요?"

"제 어머니가 류머티즘이 심합니다. 이것도 침으로 치료할 수 있나요?"

"아내가 벌써 두 번이나 유산했습니다. 난임 환자에게는 어떤 처방을 하십니까?"

주로 이런 식으로 질문도 각양각색이었다. 그때마다 나는 이렇게 대답했다.

"제가 정식 치료 자격이 없습니다. 그리고 곧 한국으로 떠나야 해요. 진료는 힘들 것 같습니다."

수화기를 내려놓고 나서 나는 '도대체 누가 소문을 냈기에 전화통에 불이 난 것일까?' 하고 생각했다. 병원 관계자, 병원장 등 짐작 가는 사람이 몇몇 있었지만 그건 어디까지나 추측에 불과했다.

약속된 시간이 되자 병원장이 호텔로 찾아왔다.

"닥터 리, 가시지요. 제가 잘 모시겠습니다."

그날 나를 초대한 사람은 이란의 대형 종합 병원장을 지낸 닥터 나가비였다. 그는 이란 내에서도 손꼽히는 의학 박사였다. 그의 집으로 초대를 받아 간 날, 나는 그곳에서 이란 상류

층의 요리를 처음 맛보았다. 식탁에는 페르시아 전통 음식이 가득했다. 양식으로는 수프와 스테이크가 나왔다.

닥터 나가비는 한눈에 봐도 똑똑하고 합리적인 성품을 지닌 사람 같았다. 식사 후 간단한 디저트를 가지고 나온 부인과 이야기를 나누는 모습을 봐서는 아내에게도 굉장히 다정다감한 사람 같았다.

"어떠셨습니까? 닥터 리, 식사가 입에 맞으셨는지 모르겠습니다."

집에 초대한 이후 지금까지 나에게 하는 행동으로 보건대 예의상 하는 말 같아 보이지는 않았다. 음식을 건네는 손길 하나하나에도 정성이 듬뿍 담긴 그의 몸짓에는 분명 뭔가 긴히 하고 싶은 말이 있어 보였다. 솔직히 나는 식사하는 내내 부담스러웠다. 처음 보는 동양인을 지나치게 환대하는 것을 보면서, 내 맘속에는 걱정만 커졌다.

'이 사람이 왜 이렇게 뜸을 들이는 거지? 할 말이 있으면 후딱 하면 좋으련만. 이렇게 친절한 분에게 내가 먼저 단도직입적으로 물어볼 수도 없고…….'

"박사님! 정말 훌륭한 만찬이었습니다. 제가 이란에 와서 먹어본 식사 중 손에 꼽을 만큼 훌륭했습니다. 정말이에요. 사모님께도 감사하다는 말씀 꼭 전해주세요."

"아니요, 그러지 말고 닥터 리가 직접 말하세요. 저기 오는군요."

부인은 그야말로 절세미인이었다. 응접실에 걸린 부인의 초상화를 보면 유명 여배우를 그린 것 같은 착각이 드는데, 실제 그녀는 초상화와 별반 다를 바가 없었다. 그만큼 미인이었다.

"무슨 말씀 중이신데, 저를 보고 손짓하시는 거지요?"

"닥터 리가 당신 요리에 찬사를 보냈어요. 이란에 와서 이렇게 맛있는 음식을 먹어본 적이 몇 번 없대요. 훌륭한 음식을 마련해줘서 나도 고마워요."

"정말요, 닥터 리? 맘에 드셨다니 다행이네요. 혹 입에 안 맞을까 봐 내심 걱정을 많이 했어요. 정말 다행입니다."

"이렇게 집에 초대해 훌륭한 음식을 대접해주셨는데 정작 저는 보답해드릴 게 없네요. 이렇게 환대해주실 줄 알았으면 자그마한 선물이라도 가져왔어야 하는데요. 병원장님, 진작 말씀해주셨으면 좋았잖아요?"

나는 웃으며 병원장을 나무랐다.

"닥터 리, 내 잘못이 아닙니다. 여기 계시는 닥터 나가비가 사전에 절대 말씀드리지 말라고 해서 그런 것뿐입니다. 두 분이 서로 즐거운 시간을 보냈다니 제가 더 감사하군요."

닥터 나가비는 화제를 '이란 음식'으로 돌렸다.

"닥터 리, 아까 제가 드린 음식 어떠셨어요? 골든캐비아라는 철갑상어 알로 만든 음식인데, 이란의 특산품입니다. 제 아내가 아끼는 체코산 크리스털 그릇에 담아드렸는데, 어떠셨어요?"

지금도 그렇지만 캐비아는 이란에서도 최상류층만이 먹을 수 있는 최고급 식자재였다. 귀한 손님이 집에 찾아오면 정성스럽게 준비하는 최고의 음식 중 하나가 바로 캐비아를 얹은 전채요리였다.

"솔직히 아까 주셨던 캐비아 요리는 제가 처음 먹어보는 거예요. 처음 먹어보지만 향이 참 좋네요. 짭짤하면서 알이 톡톡 터지는 게 식감도 재밌고요. 정말로 맛있었어요."

"한국에서는 보기 힘드셨겠군요. 그렇다면 다행입니다. 제가 오늘 닥터 리에게 여러 번 점수를 따는데요. 하하하."

음식 이야기로 화제가 바뀌자 각자 자신이 가장 좋아하는 음식들을 이야기했다. 나도 자연스럽게 대화에 적극 나섰다.

"그런데 말입니다. 오늘 음식들을 보면 하나같이 고단백질 음식이 많던데요. 이렇게 드시지 말고 균형 잡힌 식단을 짜서 드셔야 합니다."

그러자 그의 얼굴이 굳어졌다. 나는 순간 실수라도 했나 당황했다. 상대방의 호의를 무시하려고 한 건 아닌데 말이다. 잠시 정적이 흘렀다.

"그래 보이던가요? 잘 보셨습니다. 역시 닥터 리는 눈썰미가 대단하네요. 사실 오늘 닥터 리를 뵙고 싶었던 것도 그 때문이었습니다. 제가 알기로 닥터 리가 톨페하스피탈 병원장의 마이그레인을 치료하셨다고 들었습니다. 병원장에게 식단 문제를 지적하셨다면서요?"

나는 침 처방을 하면서 병원장에게 지나친 고단백질 식단을 피할 것을 청했다. 이런 유의 음식을 많이 섭취하면 담궐두통이 재발할지도 모르기 때문이었다.

"그랬습니다. 제가 이란에 와보니 어떤 음식이든 간에 고기와 각종 견과류가 너무 많이 들어가더군요. 음식이 너무 기름지면 단백질과 지방 함유량이 많아 몸 안에 영양분이 과다 축적되지요."

닥터 나가비는 내 이야기를 듣고는 고개를 끄덕였다.

"그럼 제가 마이그레인을 앓고 있는 것도 그런 이유 때문인가요?"

"마이그레인이오? 박사님도 병원장님과 똑같은 병을 앓고 계시다는 건가요?"

믿을 수가 없었다. 이란 최고의 의료진인 두 사람 모두 담궐두통을 일종의 천병이라 생각하고 사실상 포기하고 있다는 것이 놀라울 뿐이었다.

병원장이 중간에서 이야기를 거들었다.

"닥터 리, 맞습니다. 사실 여기 계시는 닥터 나가비도 심한 마이그레인 환자입니다. 그래서 지금 일도 그만두고 집에서 요양하고 계시지요. 저하고는 오랜 세월 알고 지낸 사이인데, 얼마 전 만나서 닥터 리에게 침으로 마이그레인을 깨끗하게 치료 받았다고 하니 깜짝 놀라면서 당신을 만나고 싶어 하셨어요. 그래서 오늘 여기에 모시게 된 겁니다."

그제야 퍼즐 조각이 맞춰지듯 이야기의 앞뒤가 자연스럽게 맞아떨어졌다.

"닥터 리, 미안합니다. 오늘 뵙자고 한 이유를 미리 설명하면 닥터 리가 부담을 느끼실까 봐 자연스럽게 식사하면서 이야기하고 싶었습니다. 물론 그렇다고 해서 제가 치료만을 위해 닥터 리를 뵙자고 청한 것은 아닙니다. 한 사람의 의료인으로서 한방과 침술이 얼마나 위대한지 제 눈으로 직접 보고 싶었습니다."

나는 그의 진실성을 의심하고 싶지는 않았다.

"증상이 어떠신데요? 말씀해보세요."

"닥터 리, 정말 힘듭니다. 요 며칠 동안 통증이 왔는데 서 있을 수조차 없었어요. 그래서 하루 종일 누워 있다 닥터 리가 오신다고 해서 겨우 정신을 차리고 있었던 겁니다."

옆에 있던 그의 아내를 보니 눈가에 눈물이 촉촉이 맺혀 있었다. 그녀의 눈물에서 남편의 병을 곁에서 지켜보면서 아무런 도움이 되지 못하는 것이 얼마나 힘든 일인지를 느낄 수 있었다. 그녀는 아무 말 없이 고개를 숙이고 닥터 나가비의 이야기를 들었다.

"닥터 리, 미안하지만 저도 침으로 병을 치료해주실 수 있나요? 너무 힘듭니다. 이렇게…… 이렇게 간절히 부탁합니다."

그가 내 손을 꽉 잡았다. 그의 손에서 간절함이 느껴진 것은 왜일까? 처음에는 다소 당황스러웠지만, 이내 나는 그의 말에서 진심을 느낄 수 있었다. 여기서 내가 환자를 뒤로하고 한국으로 떠난다면 의사로서 본분을 저버리는 일이라고 생각했다.

"알겠습니다. 일단 맥부터 보시지요. 한의학은 맥진(脈診)을 기본으로 합니다. 맥을 봐야 환자 상태를 알 수 있거든요. 그런 다음 생각해보겠습니다."

"네, 그러세요."

그는 말이 끝나기 무섭게 셔츠를 걷어붙인 뒤 팔을 내밀었다.

맥을 짚으니 상태는 병원장보다 더 심각해 보였다. 맥으로도 그가 얼마나 고통스러운 나날을 보냈는지 알 수 있었다.

"병원장은 아홉 번 만에 고치셨다고 들었습니다. 저는 어떤가요? 더 심각한가요?"

그의 눈에 초조함과 간절함이 동시에 담겨 있었다.

"솔직히 말씀드릴게요. 닥터 나가비도 의사시니 숨기고 싶지 않네요. 맞습니다. 닥터 나가비는 병원장님보다 상태가 더 심각하군요. 맥으로만 봐도 얼마나 고통스러운 나날을 보내셨을지 충분히 이해가 갑니다."

내 이야기를 듣는 그의 눈을 보니 몇 마디만 더 하면 눈물이 왈칵 쏟아질 것 같았다. 지난 십여 년간의 고통을 타인이 알아준다는 것은 얼마나 고마운 일인가. 그의 눈이 지금 이 모든 것을 말하고 있었다.

"그럼 어떡하지요? 한방으로도 치료가 안 된다는 건가요? 제 상태가 심각해서요?"

내가 여기서 "네"라고 말하면 그는 또다시 기약 없는 고통의 시간으로 추락할 것만 같았다. 그만큼 그에게 담궐두통은 지긋지긋한 존재였다.

"물론 상태가 심각하지만 그래도 못 고친다는 뜻은 아닙니다. 단도직입적으로 말씀드릴게요. 고칠 수 있습니다. 고칠 수 있어요. 그럼 덜 불안하신가요?"

그가 고개를 끄덕였다.

"대신 병원장님보다 침을 더 맞으셔야 합니다. 지금으로서는 최소 열 번 이상은 맞으셔야겠는데요. 어쩌시겠어요? 한번 저하고 함께 치료해보시겠습니까?"

"물론입니다. 지금까지 어떻게 참고 기다렸는데요. 침 십수 번은 일도 아닙니다. 해보겠습니다. 닥터 리의 놀라운 침술을 저는 믿습니다."

닥터 나가비를 비롯해 이란에는 담궐두통으로 어려움을 겪는 사람들이 많았다. 그들 대부분은 중상류층으로 아무래도 고단백 음식을 즐기는 특유의 식단 때문인 듯했다. 식생활과 환경이 달라 같은 아시아인이라고 해도 한국인과는 체질적으로 많은 차이가 있다. 체질이 다르다는 것은 치료법이 다르다는 것을 뜻한다. 한국인들은 허증(虛症)이면서 담궐두통인 환자가 대부분이다 보니 치료에서 침과 탕약이 동시에 필요하다. 하지만 이란은 실증(實症)에 속하는 환자가 많은데, 문제는 약 없이 침만으로 치료하는 것은 부담이 컸다.

결과적으로 닥터 나가비의 치료는 15회 만에 끝이 났다. 열다섯 차례 침 치료를 한 이후 닥터 나가비에게 전화가 왔다.

"닥터 리, 정말 신기하네요. 동양의 신비한 침술 말입니다. 어떻게 침 열댓 번 만에 머릿속 두통이 이렇게 깨끗해질 수 있죠? 유럽에 있는 제 친구들 중 이 병을 고칠 수 있다고 말하는 이는 한 명도 없었습니다. 놀랍습니다. 한국의 전통 의학 수준은 정말 대단합니다. 이제 저도 다시 병원으로 돌아갈 터인데, 닥터 리, 이참에 한국으로 가지 마시고 우리 병원으로 오시지요. 닥터 리가 원하는 것은 다 해드리겠습니다."

"호호! 아닙니다. 닥터 나가비, 마음만 감사히 받겠습니다. 저도 한국 가서 환자를 돌봐야지요. 벌써 여기 온 지 거의 두 달이 다 되었는걸요. 더 이상 머무는 것은 한국에 있는 제 환자들에게도 예의가 아닌 것 같습니다."

그랬다. 당시 이란인들에게 담궐두통은 고칠 수 없는 천병이었다. 그저 '못 고치는 병, 침으로나 한번 고쳐보자'는 생각에 중국으로 침을 맞으러 가는 상류층이 간혹 있을 뿐이었다. 사정이 그렇다 보니 내가 침으로 자신 있게 병을 고치자 그들은 한방의 효과에 놀라움을 금치 못했다.

소문은 삽시간에 퍼졌다. 물론 내가 의도한 것은 절대 아니다. 나는 그저 내가 가진 의술을 환자들에게 사용했을 뿐이다. 그러나 하늘이 내린 병을 고쳤다는 소문이 이란 상류 사회에 급속도로 퍼지면서 나는 솔직히 몰려드는 환자로 고민해야 했다. 물론 왕실 병원 원장의 도움으로 의료 행위를 할 수 있었지만, 한국에서 기다리는 환자들을 생각하면 결코 바람직한 일은 아니었다.

이란은 참으로 나에게 많은 기회를 준 나라다. 처음부터 나의 이란 생활은 넘쳐나는 환자들의 연속이었다. 한국이라는 좁은 공간에서만 지내온 나에게 이란이라는 중동의 대국은 머나먼 나라였다. 하지만 사선을 넘나들며 배운 한의학은 나를 이란이라는 전혀 뜻밖의 나라로 이끌었다. '내가 뭐라고. 내가 어떻게 살았다고.' 나는 이런 물음을 수없이 반복했다. 그렇게 나의 이란 생활은 자꾸만 흘러갔다.

나는 한 달은 여행으로 시간을 보내고, 두 달 동안은 넘쳐나는 환자들로 정신없이 시간을 보내야 했다. 환자가 찾아오면 나는 눈으로 살피는 망진(望診)과 맥을 짚는 맥진으로 환자 상태를 살펴보고 치료가 가능한지를 먼저 파악했다. 치료를 확신한 담궐두통 환자는 침으로는 95%, 약을 써서는 100%까지 완치시킬 수 있었다. 이란 사회에서 나의 명성은 아주 짧은 시간에 높아만 갔다.

문제는 환자들의 태도였다. 나는 의료 행위는 가능했지만 현지에서 정식으로 등록한 의사가 아니기 때문에 치료에 따른 대가를 받아서는 안 되었다. 애초부터 그럴 생각도 없었다. 솔직한 내 심정이 그랬다. 하지만 환자들의 생각은 달랐다. 양방에서 고치지 못한 병을 치료해주었으니 얼마나 고마운 일인가? 감사히 생각한 사람들이 나에게 할 수 있는 성의 표시는 작은 선물을 가지고 오는 것뿐이었다.

당시 이란은 보석이 흔하던 시절이라 금목걸이, 금팔찌, 루비, 비취 같은 것이 박힌 장신구를 가지고 오는 이들이 많았다. 그다음으로 장식품, 그릇, 핸드백 등을 가져오는 환자들도 많았다. 이란에서는 직접 생산하는 생필품이 많지 않고 거개가 일본이나 독일, 영국, 이탈리아, 스페인, 프랑스 등지에서 수입해서 생활했기 때문에 내가 받은 선물들도 수입 제품이 대부분을 차지했다.

내가 이란인들에게 받은 첫인상은 아주 작은 것에도 감사할 줄 안다는 것이다. 이란 사람들은 경제적으로 넉넉하지 않아도 감사의 뜻을 꼭 선물로 전했다. 처음에는 그들이 전해준 선물이 부담스러워 돌려주려고 했으나 성의를 거부하면 오히려 오해가 생길 수도 있다는 생각에 호의로 받아들이기로 했다. 현지 교민들이 내게 전해준 생활의 팁이었다. 그런 이유로 나는 매번 마음의 부담을 느끼면서도 선물을 받을 수밖에 없었다.

"헬리 맘눈!"

"모차이 케람!"

"골반에 쇼마!"

처음에는 이런 말들이 무엇을 의미하는지 잘 몰랐다.

"이봐요, 모하메드. 저 사람들이 지금 뭐라고 하는 건가요? 제가 이란 말을 모르니 무슨 뜻인지 알 수가 없네요. 무슨 말

완치된 환자에게서 선물로 받은 체코산 수제 금장식 잔.
필자의 애장품 중 하나다

인가요? 모하메드."

"닥터 리, 저 사람들은 지금 당신에게 '감사합니다', '당신의 제물이 되겠습니다', '저는 당신의 물건입니다'라고 말하고 있어요. 우리 이란에서는 최고의 칭송이지요. 닥터 리가 멋지게 치료해주니 큰 감동을 받았나 봅니다."

이슬람 문화의 영향을 받은 그들의 표현에는 남을 존중하는 것이 많았다. 한동안 그런 인사말을 들으면 어쩔 줄 몰랐지만 시간이 흘러 귀에 익자 그런대로 기분이 괜찮았다. 마치 좋은 음악을 듣는 기분이라고 할까?

이뿐 아니라 이때 평생 들어도 좋은 별명을 하나 얻었다. 물질적인 선물보다 훨씬 큰 선물을 말이다. 누가 지은 것인지는 모르겠지만, 사람들은 그때부터 나를 '닥터 리' 대신 '골드 핑거'라는 칭호로 불렀다. 황금 손가락. 한의사로서 이란 사회에서 그보다 화려한 수식어는 없었다. 지금 생각해도 너무나 황송한 칭호다. 아마도 이란 사람들 눈에는 내가 손가락으로 맥을 짚어 병을 찾아내고 손가락으로 침을 놓아 귀신처럼 병을 고치는 것으로 보였기 때문일까? 솔직히 지금 생각해도 부끄럽지만 사실이 그랬다. 이란 사람들은 참 순진한 국민이다. 자신들이 받은 치료에 대해 전폭적으로 감사의 마음을 표시할 줄 아는 착한 국민성을 갖고 있다.

이란에서 내 인생의 전성기를 보낸 것도 그런 이유 때문이 아니었을까? 당시 나는 골드 핑거라는 별명이 불릴 때마다 한의학을 공부한 의사로서 무한한 자부심을 느꼈다. 그 별명 속에는 나에 대한 찬사와 동시에 한의학에 대한 칭송이 함께 담겨 있기 때문이다.

새로운 삶,
새로운 도전

이란은 민간요법이 발달한 흥미로운 나라다. 우리처럼 체계화되어 있지는 않지만, 종류로 치면 꽤 많다. 한 예로 이란 사람들은 당시 거머리를 두통 치료에 많이 사용했다. 거머리를 귀 뒤편에 있는 혈인 완골혈(完骨穴)에 붙여놓고 거머리가 배가 불러 저절로 떨어질 때까지 놔두는데, 그렇게 하면 나쁜 피가 빠져나가 얼마 동안은 두통에서 해방될 수 있다고 믿었다. 또 심한 편두통에는 깨진 도자기 조각으로 어깨 부근을 긁어서 시커먼 피를 쏟아내기도 한다. 시골에 사는 60대 이상 노인들의 등을 보면 다들 그로 인한 흉터가 몇 개씩은 있다. 두 가지 모두 일종의 사혈법(瀉血法, 피를 뽑아내는 방법)이다. 우리로 치면 부항(附缸)과 같다.

한국으로 떠날 날이 며칠 남지 않자 나는 수행 요원과 함께 재래시장을 다녔다. 언제 또다시 이란 땅을 밟을지 알 수 없는 마당에 견문이라도 넓힐 요량이었다. 시장을 함께 둘러보던 수행 요원이 나에게 말을 걸어왔다.

"닥터 리, 시장에 가면 약재상을 볼 수 있습니다. 저를 따라와보세요."

"그래요? 어디 한번 가봅시다. 아주 흥미로운걸요."

그를 따라가니 우리나라 재래시장의 약재상과 같은 상점이 나왔다. 그곳에서는 호두기름, 살구씨기름, 참기름 등 기름류와 호박씨, 박씨, 수박씨, 복숭아씨 같은 각종 씨앗류가 판매되고 있었다.

"이리 와봐요. 이게 뭔가요?"

내가 가리킨 것은 꽃을 이용해 만든 증류수 같은 것이었다.

"아, 그거요? 골랍(bone wax)이라고 부르는 건데 선복화라는 꽃에서 추출합니다."

약재상은 나의 질문에 성심성의껏 대답했다.

"어떻게 쓰는 거죠? 저는 한국에서 온 한의사인데요. 무척 궁금하네요."

"피부 트러블을 없애는 데 많이들 사용합니다. 목욕한 다음 탕에 물을 받아 이걸 반병 정도 넣고 들어가 앉아 있으면 살결이 한결 부드러워집니다."

이 밖에도 약재상에서는 계피, 감초 분말, 요통에 좋은 인도산 마로니에, 피로 회복에 효과가 있는 말린 소혓바닥선인장

꽃, 천연 머리 염색약, 이뇨제로 쓰이는 정력자(葶藶子)와 옥수수수염 등이 판매되고 있었다.

특히 이란산 참기름은 내가 현지에 있을 때 가장 좋아한 것 가운데 하나다. 의료용이라기보다 한국이 그리울 때 많이 사용한 일종의 향수병 치료제였다고 할까? 지금 와서 하는 말이지만, 나는 한국이 그리울 때면 순 한국식으로 음식을 만들어 먹었다. 처음에는 음식에 들어가는 각종 양념이 부족해서 그 그리움을 충족시킬 수 없었다. 그러나 시간이 흐르고 이것저것 양념을 만들어 음식을 먹고 그리움을 달래면서 나는 비로소 이란 생활에 적응해나갈 수 있었다.

그렇게 나의 이란 방문은 서서히 끝을 향해 가는 것 같았다. 두 번씩이나 비자를 연장했는데 그마저도 만료가 얼마 남지 않아 나로서는 한국으로 가는 짐을 쌀 수밖에 없었다. 때마침 한국에 전화한 나는 동생의 다급한 목소리를 들었다.

"누나, 언제 돌아와? 이러다 한의원 문 닫겠어. 찾아오는 환자분들마다 왜 이렇게 안 오냐고 묻는데, 어떻게 말을 해야 할지 모르겠어. 이제 그만 돌아와. 여기 환자들도 생각해야지."

수화기 건너편 동생의 목소리는 매우 다급했다. 그랬다. 당초 한 달 일정이었던 이란 방문이 2개월을 넘자 한국에 있는 가족들은 불안감에 휩싸였다. 귀한 딸자식을 머나먼 열사의 나라로 보낸 것에 대한 어머니의 걱정도 이만저만이 아니었다.

'이제는 정말 돌아가야겠다. 여기서 내가 할 일은 이제 다 끝

났어. 더 이상 여기 머무는 것은 나와 한국에 있는 내 환자들에게도 도움이 안 되는 일이야.'

떠날 생각을 하면서 짐부터 꾸렸다. 짐을 꾸리다 보니, 한국을 떠나올 때는 빈손이었지만 그동안 여기서 받은 선물이 하나 둘 쌓인 때문인지 돌아갈 때는 짐이 굉장히 많아졌다.

"똑똑!"

그때 누가 호텔 방문을 두드렸다.

"누구세요?"

"접니다, 닥터 리."

보건사회부 차관인 왕실 병원장이었다. 치료를 계기로 그와 꽤 친해진 터였다.

"들어오세요, 원장님."

"짐을 싸고 계시나 보죠? 이제 정말 떠나시는 건가요?"

그의 얼굴에는 아쉬움이 잔뜩 배어 있었다. 자신의 질병을 치료해준 이유로 그는 내게 이란의 유명 인사들을 정말 많이 소개시켜주었다. 짧은 기간 동안이지만 나는 정말 그에게 고마운 것이 많았다. 그의 목소리가 작아졌다.

"닥터 리, 그동안 이란 생활이 어땠습니까?"

"정말 즐거웠습니다. 물론 모든 것이 원장님 덕분이지요. 원장님이 도와주시지 않았으면 제가 이런 높은 분들을 어떻게 다 만날 수 있었겠어요? 서울에 가서도 여기서 보낸 날들은 절대 잊지 못할 겁니다."

막상 이란을 떠나야 한다고 생각하니 무척이나 아쉬웠다. 그사이에 정이 깊이 들어서였을까? 하지만 이제는 정말로 떠나야 했다. 한국에서 기다리는 가족들을 생각하면 이란 생활은 여기서 마무리하는 게 옳았다. 한숨을 잠깐 내쉰 그가 말을 이었다. 그의 얼굴에는 마치 오랜 시간을 함께해온 옛 친구를 떠나보내는 아쉬움이 짙게 배어 있었다.

"제가 그동안 지켜본 닥터 리의 의술은 의학이라기보다 기적에 가까웠습니다. 그런 면에서 저나 제 조국 이란이 닥터 리를 만난 건 큰 행운이었습니다."

"고맙습니다. 그렇게 생각해주시니 제 자신이 부끄럽네요."

"아닙니다. 닥터 리가 그동안 하신 일이 실제로 그렇습니다. 이란인들은 겉으로만 남을 칭찬하는 사람들이 아닙니다. 정말 진심으로 닥터 리에게 감사하고 있어요."

그동안 환자들을 치료하면서 별의별 이야기를 다 들은 터라 웬만한 칭찬에는 무덤덤했다. 그러나 이날 병원장의 칭찬에 자꾸 얼굴이 빨개졌다. 떠날 날이 얼마 남지 않아서일까?

"그래서 말인데요. 우리 이란은 행운이 더 많은 이에게 전해지기를 간절히 기대하고 있습니다. 닥터 리, 저의 진심을 받아주시길 바라겠습니다."

감사의 인사로 시작한 그의 말이 끝으로 갈수록 여운이 남았다.

'더 많은 이에게 전해지기를 바란다? 이게 무슨 소리야? 뭘 전해달라는 거지? 진심은 또 뭐야? 도통 알아들을 수가 없네. 오늘따라 왜 이렇게 말을 빙빙 돌려서 하시지?'

병원장은 굉장히 친절한 사람이지만, 어떤 목표가 생기면 저돌적으로 밀고 나가는 뚝심의 소유자였다. 중동 특유의 기질이 있어 에둘러 말하기보다 직설적인 화법을 갖고 있었다. 그런 면에서 화통한 성격의 그가 나도 좋았다.

"네? 그게 무슨 말씀이신지……. 병원장님, 오늘따라 말씀을 이해하기가 좀 어렵네요. 평상시처럼 그냥 편하게 말씀해주세요. 지금 하신 말씀이 무슨 뜻이지요?"

"그랬나요? 하하. 평상시 저답지 않았나요? 역시 닥터 리는 머리가 명석한 분입니다. 그럼 이렇게 말씀드리겠습니다. 국왕 폐하와 왕실 일가분들은 닥터 리가 이란에 더 오래 머무르길 희망하십니다. 닥터 리, 왕실 주치의가 되어주십시오. 이건 이란 정부의 공식 요청입니다."

순간 머리에 뭔가를 맞은 듯 얼얼했다.

쉽게 말해 이란에 더 머물러달라는 것이었다. 그리고 그것은 이란 왕실의 공식 요청이었다. 겨우 한 개인이 이란 왕실의 공식 요청을 받다니, 한 사람의 의료인으로서 꿈도 꾸지 못할 일이었다. 하지만 잠시 후 머릿속이 복잡해졌다. 도대체 왕실 주치의라는 것이 무엇인지, 혹 왕실 사람들만 진료하는 것인지, 도대체 알 수 없는 것이 한두 가지가 아니었다.

"원장님, 좀 알아듣게 말씀해주세요. 왕실 주치의가 뭔가요?

힘들게 배운 이 의술을 단지 왕실 몇 사람만을 위해 사용하라는 건가요? 그런 거라면 정중히 사양하겠습니다."

"하하! 닥터 리, 그건 아닙니다. 오해하셨나 보네요. 닥터 리가 받아들이기만 한다면 왕실 재단에서 세운 병원에서 근무하게 될 겁니다. 그곳은 왕실 사람도 이용하지만 일반 환자들도 진료를 받는 곳이지요. 다만 왕실 사람이 아플 경우 우선적으로 치료 받을 수 있답니다. 그게 일반 병원과 다른 점이지요."

조금씩 그가 하는 말이 무슨 뜻인지 이해되었다. 지금 나는 이란 최고의 의료진이 모여 있는 병원에서 근무하도록 공식 요청을 받은 것이었다.

"지난번에 가보니 모두 이란 의사들로 구성되어 있던데, 외국인 의사도 있나요?"

"아니요, 없습니다. 왕실에서 외국인 의사에게 왕실 주치의가 되어달라고 요청하는 것은 닥터 리가 처음입니다."

그렇다면 이 제안은 나에게 굉장히 큰 기회였다. 한의학의 우수성을 널리 알릴 수 있는 절호의 기회이기도 했다. 하지만 일가친척 하나 없는 이란에 더 머물러야 한다고 생각하니 눈앞이 캄캄했다.

"원장님, 갑자기 이런 말씀을 해주시니 얼떨떨합니다. 조금 시간을 주세요. 보시다시피 지금 한국으로 돌아가려고 짐까지 싸고 있는데 중요한 제안을 해주시니 정말 정신이 하나도 없네요. 설마 지금 당장 결정해야 하는 건가요?"

막혔던 말문이 트이자 그는 거침없이 이야기를 이어나갔다. 처음 운을 떼기가 힘든 것이지, 일단 한번 떼면 끝을 보고야 마는 그의 성격은 여기서도 나왔다.

"그럼요, 닥터 리. 이란 정부는 당신의 결정을 최우선으로 생각합니다. 서두르지 마세요. 그럴 것도 아니고요. 다만 당신의 지혜로운 결정을 돕기 위해 이란 정부의 공식 요청 사항을 몇 가지 말씀드리겠습니다."

그는 품속에서 종이 하나를 꺼냈다. 이란 정부의 공문서로 보이는 종이 위에는 내가 이란에서 생활할 경우 받게 될 다양한 혜택들이 빼곡히 쓰여 있었다. 우선 월급은 한국에서의 한 달 수입보다 두 배가량 많았다. 여기에 실평수가 70평 규모인 아파트와 승용차가 제공되었다.

하지만 그중에서도 내 마음을 가장 끈 것은 근무 조건이었다. 근무 시간은 오전 7시 30분부터 오후 1시 30분까지로, 이를 제외한 나머지 시간에는 무슨 일을 해도 좋다는 것이 명시되어 있었다.

"닥터 리, 원하신다면 근무 시간 이외에 다른 병원에서 근무를 하거나 아니면 개인 사업을 하셔도 됩니다. 우리는 당신의 사생활에 일절 간섭하지 않을 생각입니다."

'자유. 그러니까 오후 1시 30분부터는 내 자유란 말이지?'

나는 개인적으로 이 조건이 가장 마음에 들었다. 순간 한국으로 향하던 내 마음이 다시 이란 땅으로 돌아오는 느낌이 들었다. 그 순간부터 내 마음은 한국과 이란을 사이에 두고 갈팡질팡했다.

"지금으로서는 어떤 것이 현명한 결정인지 모르겠어요. 하룻밤만 생각할 시간을 주세요. 괜찮을까요?"

"물론입니다. 알라께서 닥터 리가 현명한 결정을 내릴 수 있도록 도와주실 겁니다. 저는 이만 가보겠습니다. 좋은 하루 보내십시오."

그는 나에게 생각할 시간을 주려는지 곧바로 호텔 방을 나갔다.

원래 나는 뭔가를 결정해야겠다고 생각하면 미적미적하는 편이 아니다. 뭐든 곧바로 결정하는 편이다. 하지만 그날만큼은 내 인생에서 가장 많은 고민을 했던 것 같다. 어쩌면 인생의 큰 전환기가 될지 모른다는 생각에 나는 하루 종일 창밖을 바라보며 깊은 생각에 빠졌다. 이란에서 머무는 것과 한국으로 돌아가는 것 중 어느 쪽이 내 인생에서 더 의미가 있는지 생각해보았다.

바야흐로 1976년. 한국은 사회 갈등이 점차 고조되는 시기였다. 사회 분위기도 무척 폐쇄적이었다. 얼마간 테헤란에서 지내보니 그런 분위기를 더욱 실감할 수 있었다. 하지만 아무리 폐쇄적이라고 해도 한국은 내 조국이 아닌가? 여기는 낯선 이국땅이고 말이다. 한국으로 돌아가 생활하면 여러모로 편한 것이 많았다. 힘들게 공부도 마쳤고 한의원도 성업 중이니 걸릴 게 하나도 없었다. 그러나 지금까지 살아온 내 인생에서 편한 시절은 그다지 없었다. 매 순간이 위기의 연속이었고, 나는 위기를 헤쳐 나가면서 어느덧 정신적 나이가 훌쩍 들어버렸다. 이런 관점에서 보면 편하다는 것이 오히려 내게는 장점이 아니라 단점일 수도 있었다.

지금도 그렇지만 나는 구덩이의 물처럼 고여 있는 삶은 질색이다. 좀 힘들더라도 우당탕 소리를 내며 더 큰 세상으로 흘러 나가기를 바란다. 인생은 여행이기 때문이다. 빈손으로 태어나 죽음을 향해 걸어가는 여행, 그게 바로 인생이 아닌가?

왕실 주치의가 되면 지금까지 경험하지 못한 새로운 세계에 들어갈 것이 분명했다. 나는 일단 장점부터 생각해보기로 했다. 선진국에서 의학 공부를 마치고 돌아온 의사들과 함께 일하면서 나는 그동안 내가 배우고 공부한 의술을 교류하고 펼쳐 보이고 싶었다. 그래야만 내가 생각하는 한의학의 세계화가 빨리 오리라 생각했다. 또 아무래도 이란에 머물면 한국에서 한의원을 운영하는 것보다 더 많은 질병을 접하고 자연스럽게 환자도 더 많이 볼 수 있으니 풍부한 임상 경험을 쌓는 데도 이보다 좋은 것이 없어 보였다. 게다가 하루의 절반을 내가 원하는 일을 하면서 보낼 수 있다니 이 얼마나 멋진 일인가?

나는 이란 생활의 장점만을 생각했다. 어느새 내 마음이 단점은 저 멀리 밀어내고 있었다. 나는 새로운 세계로 발을 내딛기로 했다. 결정을 내리자 갑자기 가슴이 확 트였다. 다음 날

타즈리시 메디컬 센터(왕실 병원)에서 동료 의사들과 함께 (1977년 1월)

나는 병원으로 찾아가 병원장에게 내 의사를 전했다.

"하겠습니다. 이란 왕실 주치의가 되겠습니다."

나의 결정에 그가 눈을 동그랗게 떴다. 그러고는 내 손을 꼭 잡았다.

"정말입니까? 닥터 리? 정말 잘하셨습니다. 우리 함께 일합시다. 우리 병원은 닥터 리 같은 우수한 의료진이 필요합니다. 당신이 우리와 함께하다니…… 놀라워요. 역시 알라께서 제 기도를 외면하지 않았네요. 신께 감사할 따름입니다."

그의 축하 인사를 받으며 내 맘은 이미 인생의 새로운 문을 열어젖히고 있었다. 그 뒤에는 과연 어떤 일들이 기다리고 있을까? 내 삶은 이제 새로운 도전을 향해 가고 있었다. 오후 3시 멀리 이슬람 사원에서 기도 시간을 알리는 음악이 울려 퍼졌다. 그 순간 이곳이 내가 사랑하는 조국 대한민국이 아니라 수천 년의 역사를 자랑하는 페르시아제국의 후예 이란임을 단번에 실감할 수 있었다.

정신없이 몰려드는 환자들

"어디서 소문을 들었는지 닥터 리에게 침을 맞고 싶다는 환자들이 벌써부터 진료실 앞에 줄을 서서 기다리고 있습니다. 병원이 세워진 이래 이런 일은 처음입니다."

첫 출근하는 날 병원장이 나를 안내하러 1층 로비로 내려왔다. 병원장 주변에는 부원장 등 의료진이 있었다. 앞으로 나와 함께 생활할 사람들이었다. 나는 진료 첫날부터 진료실 앞에 수많은 사람들이 몰려 있는 것이 놀라웠다. 한국에서도 이런 일은 경험하지 못했다. 그만큼 이란인들에게 한의학은 신비한 동양의 의술이었다.

"원장님! 이분들이 어떻게 저를 알고……. 의사인 저로서는 믿고 맡겨주시는 것이 감사하지만, 제가 여기 온다는 걸 어떻게 사람들이 알았는지 정말 궁금하네요."

"저도 모르겠군요. 아마 여기 오가는 환자들과 의료진이 닥터 리에 대해 몇 마디 주고받은 것이 이렇게 되었나 봅니다. 병원 입장에서야 좋은 일이지만……. 닥터 리, 첫날부터 일이 많다고 바로 한국으로 돌아가시면 안 됩니다. 이건 저희도 예상하지 못했던 거예요."

병원장은 아직도 내가 왕실 병원에서 근무하는 것이 믿기지 않는지 한국으로 돌아가면 안 된다고 거듭 강조했다. 유럽에서 공부한 이란 최고의 의료진을 앞에 두고 나에게 허리를 굽히며 간절히 호소하는 모습을 보자 나는 얼굴이 후끈거렸다.

첫날부터 나는 엄청난 환자들의 인파 속에서 진료했다. 그때만 해도 내가 이란을 떠날 때까지 일을 할지는 꿈에도 몰랐다. 지금까지 한 번도 경험하지 못한 한의학에 대한 궁금증이 이란 사람들에게는 정말로 컸다. 결과적으로 시간이 흘러 한국으로 영구 귀국할 때까지 나는 수많은 환자 속에서 치열한 삶을 살아야 했다. 어쩌면 이란이 내게 준 아름다운 추억이자 선물이었는지도 모른다.

왕실 병원 근무를 결정한 뒤, 나는 한국에 있는 한의원부터 서둘러 정리해야 했다. 한국에 있는 일가친척들이 놀라는 것은 당연했다. 잠시 여행하다 돌아올 줄 알았던 내가 이란에서 살겠다고 선언하자, 어머니를 비롯한 식구들은 걱정이 이만저만이 아니었다. 가족의 입장에서는 여자 혼자의 몸으로 이란에서 사는 것이 당연히 걱정스러웠을 것이다.

"걱정 마세요. 병원에서 집도 주고 차도 주기로 했고, 근무 조건도 한국보다 좋아요. 무엇보다 한국에서와 달리 이란 사람들을 직접 치료해볼 수 있으니, 이건 돈 주고도 경험할 수 없는 거잖아요. 언제까지 여기 있을지는 모르겠지만, 좋은 기회라고 생각해주세요."

이란 정부는 약속한 대로 아파트를 제공해주었다. 내가 살 집은 생각보다 컸다. 병원장을 따라 처음 집에 들어갔을 때는 마치 거인의 나라에 온 듯한 착각이 들었다. 방은 둘뿐이었지만 한국에서는 보기 힘들 정도로 넓었다. 큼지막하기는 욕실과 부엌, 거실 모두 마찬가지였다. 실평수가 70평 정도인데, 우리나라로 치면 100평짜리 아파트 정도는 되어 보였다. 그렇게 넓은 집을 나 혼자 써야 하다니.

차는 영국의 자존심 롤스로이스에서 수입해 이란에서 조립해 판매하는 '페이칸' 차를 받았다. 당시 나는 한국에서 운전면허를 이미 딴 상태라 운전을 할 수 있었다. 하지만 정중히 이를 사양했다. 몇 달 동안이지만 이란 사람들의 운전 습관을 본 나로서는 솔직히 테헤란 시내를 혼자 운전하고 다닌다는 것이 썩 내키지 않았다.

이란 사람들은 유순하면서도 자유분방한 기질을 갖고 있다. 그런 성격은 도로에서도 자연스럽게 나타났다. 차를 몰고 가다가 유턴을 하고 싶으면 거리낌 없이 중앙선을 넘기 일쑤였다. 그렇다 보니 크고 작은 교통사고가 끊이지 않았다. 오죽

하면 대통령의 차마저도 앞 범퍼가 찌그러져 있었을까.

그렇다고 차 사고가 났다고 해서 서로 언성을 높이거나 화를 내지는 않았다. 경찰이 사고 현장으로 와 서로의 잘잘못을 가려주면 쑥스러운 듯 웃으며 돌아갔다. 서로 조금도 기분 나빠 하지 않는다. 오늘은 네가 날 들이받았지만 내일은 내가 널 들이받을지도 모른다는 생각에 서로를 향해 언성을 높이는 일은 거의 없었다.

병원 근무 첫날도 나는 자가용 대신 콜택시를 타고 병원에 갔다. 병원장 이하 병원 관계자와는 이미 인사를 나눈 터라 함께 근무할 외래 병동 진료실 의료진과 간단히 인사를 나눈 뒤 바로 진료에 들어갔다. 당시 내가 근무한 곳은 달망가로 불리는 외래 병동 내 침구과(acupuncture center)였다.

"선생님, 바로 진료를 시작하시겠습니까? 환자를 들여보낼까요?"

간호사가 방에 들어오자마자 책상에 앉아 진료를 준비하는 나에게 대뜸 물어보았다.

"그래요, 들여보내세요. 준비 다 되었습니다."

이란에서 내가 처음 만난 환자는 삼십 대로 추정되는 남성이었다. 자리에 앉자마자 그는 내가 못 알아듣는 이란어를 마치 국수 면발 뽑듯 줄줄 뽑아내며 이야기를 이어나갔다.

그 전까지 나의 이란 생활에 언어는 전혀 문제가 되지 않았다. 의사들은 거의 전부가 외국에서 공부하고 온 터라 영어로 소통하는 데 전혀 문제가 없었다. 물론 전에도 이란 환자들을 여럿 만나보았고 이들과도 영어로 소통했기 때문에 언어 문제로 이란에서 살아가는 데 어려움을 겪으리라고는 생각도 못 했다.

이날 나는 처음으로 난처한 상황에 처했다. 전혀 알아들을 수 없는 말로 증상을 설명하는데 하나도 이해할 수가 없었다. 곁에 있는 간호사 역시 다른 간호사와 달리 영어에 능통하지 못했다. 순간 당혹스러움이 몰려왔다. 물에 빠진 사람이 당황하다 보면 헤엄치는 법을 잊어버려 죽을 수도 있다더니 딱 그 짝이었다. 바로 내가 그런 상황이었다.

"……."

한동안 나는 멍하니 환자 얼굴만 바라보았다.

'그래, 그냥 이대로 있을 수는 없지.'

나는 한국이든 어디서든 환자에게 이것저것 묻지 않고 불문(不問) 진단을 하는데, 첫째는 얼굴 피부의 색깔을 보고(찰색(察色)) 망진을 하고 그다음 맥진을 하여 환자의 상태를 파악한다. 그렇게 절차대로 진단한 뒤 그에게 침을 놓으려는 찰나 뒤늦게 통역이 필요하겠다 생각했는지 영어를 잘하는 간호사가 들어왔다. 침을 놓고 있는 나를 의아한 눈으로 바라보며 간호사가 물었다.

"선생님, 말도 통하지 않았을 텐데 환자가 어디가 아픈지 어떻게 알고 치료하시는 건가요? 물어보지 않아도 다 아세요?"

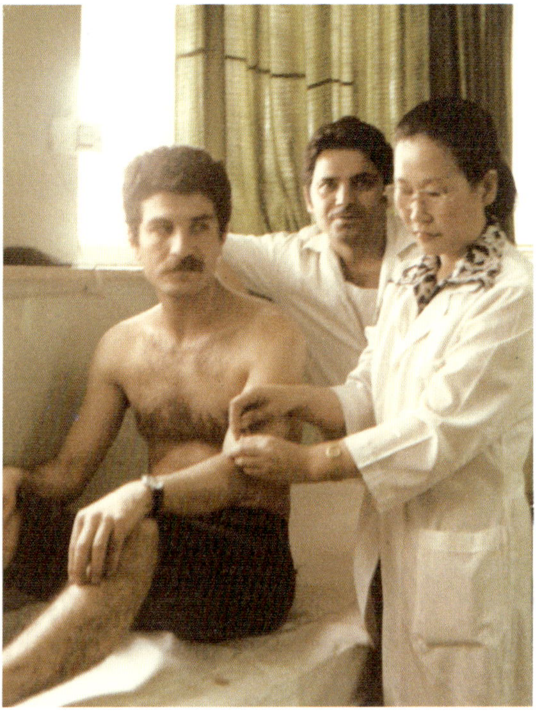

타즈리시 메디컬 센터에서
이란인 환자를 진료하고 있다

"물론이지요."

"어떻게 가능하죠? 선생님은 이란 말을 전혀 모르시잖아요?"

"그건 그렇죠. 하지만 다 아는 수가 있어요."

내가 방긋 웃으며 말하자 간호사의 두 눈이 휘둥그레졌다.

"마침 잘 오셨어요. 제가 병을 아는 건 쉽지만, 이란 말을 모르니 환자에게 설명할 수가 없군요. 환자가 많이 궁금해할 것 같으니 내가 하는 말을 통역해주세요."

침을 놓고 나서 내가 간호사에게 말했다. 간호사는 여전히 의문이 풀리지 않았는지 나와 환자를 번갈아 보면서 "네, 선생님" 하고 대답했다.

"통역 좀 잘해주세요. 일단 하루에 한 번씩 일곱 차례쯤 침을 맞아보고 차도가 있으면 계속 치료하고, 차도가 없으면 치료를 중단하겠다고 전해주세요. 그리고 모레 이 시간에 다시 오시라고 하세요."

간호사는 내 말을 그대로 전했다. 환자는 고개를 갸우뚱거리며 간호사에게 이란 말로 여러 가지를 물었다. 필시 내가 자신이 아픈 곳을 정확히 이해하고 있는지를 묻는 것 같았다. 이란 말을 알아듣지 못하는 의사에게 치료를 받으니 당연히 그럴 수밖에. 둘이 어떤 대화를 주고받는지 알면서도 짐짓 나는 모르는 척했다.

그 이후로도 나는 현지 말을 모르는 채로 진료를 이어나갔다. 간호사를 비롯해 병원 관계자들은 내가 진료하는 것을 보고는 매우 신기하게 생각했다. 도대체 환자가 어디가 아픈 줄 알고 치료하느냐는 것이었다. 그들은 마치 나를 특별한 마법이라도 지닌 마법사처럼 여겼다.

어느 날 점심시간에 간호사가 나에게 진지하게 물었다.

"선생님, 정말 궁금해서 못 참겠어요. 도대체 한의학은 어떻게 병을 진단하는 거지요? 제가 여기서 십 년 넘게 간호사 생활을 했는데, 선생님처럼 말이 안 통하는데도 진료하시는 분은 처음 뵙습니다. 처음에는 괜히 저러다 사람 다치는 거 아닌가 하고 생각했는데, 선생님께 치료 받은 환자들이 하나둘 병이 낫는 것을 보니 그게 아니라는 생각이 들더군요."

"이봐요, 모하메드. 한의학에 대해 잘 모르면 당연히 그렇게 생각할 수 있어요. 한의학에는 진단학이라는 학문이 있어요. 물론 그 수업에는 청진기를 대고 환자의 상태를 살피는 서양식 진단학도 포함되어 있지요. 하지만 제가 특히 열심히 공부한 것은 한방 진단학의 맥진과 망진이라는 겁니다."

"맥진? 망진? 그게 뭐지요?"

"맥진은 손으로 맥을 짚어 병을 진단하는 것이고, 망진은 사람의 얼굴색과 말투, 자세, 눈빛, 혀 등을 보고 들으며 병의 유형과 원인을 진단하는 걸 말합니다."

그날 그에게 한방에서 맥진을 하려면 최소 1,000명 이상의 맥을 짚어봐야 한다는 속설이 있다고 설명했다. 그만큼 사람에 따라 맥이 다양하다는 뜻이다. 또 대학에 다닐 때 내가 만

경희대 한의과대학 김정제 학장, 안덕균 교수와 함께
이란의 한 의료 관련 단체에 《동의보감》과 허준 영정첩을 전달했다

나는 사람마다 무조건 손목을 잡고 맥부터 짚어보았다는 말도 전했다. 1,000명이 아니라 더 많이 짚어볼수록 제대로 맥을 짚는 지름길이라고 여겼기 때문이다.

"와, 한의학은 정말 놀랍네요. 사람의 손목만 짚어보고 병을 알아낸다니 무슨 소설에 나오는 이야기 같아요."

눈을 동그랗게 뜨고 이야기를 듣던 그가 함박웃음을 지으며 말했다. 그의 눈에 비친 한의학은 경이로움 그 자체였을 것이다. 나도 한의학을 처음 공부할 때 그랬기 때문에 그의 눈을 보면서 그의 생각을 읽을 수 있었다.

"그럼 대학 생활 동안 대략 몇 명 정도 맥을 짚어보셨어요?"

지금까지 헤아려본 적이 없었던지라 잠시 당황했지만 곧바로 머릿속으로 생각했다.

"많이 짚어보면 좋을 거라는 생각에 만나는 사람마다 맥을 짚어봤는데…… 그런 걸 물어본 건 모하메드가 처음이에요. 글쎄요, 거리든 식당이든 장소를 가리지 않고 만나는 사람마다 맥을 짚어봤는데 한 3,000명쯤 될 것 같아요. 처음 맥을 짚을 때는 그 맥이 그 맥 같고 그랬는데, 자주 짚어보니 이제는 미세한 차이를 알 수 있어요."

학창 시절 열심히 공부한 나는 이란에서 그 덕을 톡톡히 보았다. 비록 말은 통하지 않았지만 말이다. 열심히 공부한 덕분에 사람을 보고 손목을 잡고 맥진을 하면 어떤 병이 있는지, 오장육부의 허실, 병의 상태 등 모든 것을 알 수 있었다. 이런 것들이 나에게는 대수롭지 않은 일이었지만, 환자들은 생각이 달랐다. 그들은 그런 능력은 오직 신만이 갖고 있다며 점차 나를 우러러보기 시작했다.

사람은 존경 받으면 자신감이 생기고 활력이 넘치게 된다. 하지만 반대로 그 자체가 부담이 될 수도 있다. 유명해진다는 것은 그런 면에서 양면성을 지니고 있다. 왕실 병원에서 근무한 지 보름 만에 나는 병원에서 가장 많은 환자를 진료하는 의사가 되었다. 어떤 날은 기다리는 환자들이 넘쳐나 망진과 맥진을 꼼꼼히 살필 시간도 없었다. 환자들에게는 너무나 미안했지만 어쩔 수가 없었다.

나는 생각하다 못해 인체를 그린 뒤 해부학 명칭을 영어로 적어놓았다. 그런 다음 동료 의사에게 배운 이란어로 토를 달았다. 일종의 임시방편인 셈이었다. 환자가 오면 맥을 짚은 뒤 책상 유리 밑에 끼워놓은 인체도를 보고 질문을 했다. 시간에 쫓기다 보면 생길 수 있는 오진을 방지하는 한편, 더 많은 환자를 진료하기 위한 나만의 아이디어였다.

환자들은 줄을 이었다. 내가 병원 일을 시작하자마자 갑자기 테헤란 시민 전체가 아프기라도 한 것일까? 나는 환자를 치료하고 치료 방법을 연구하느라 시간이 가고 계절이 바뀌는 것도 잊었다. 이란 말을 배우면서 나는 과연 이곳이 내 나라인지 남의 나라인지도 정확히 분간하지 못한 채 분주한 나날을 보냈다.

테헤란 시민들, 침의 매력에 빠지다

"침 주세요? 침놓으세요? 도대체 뭐가 맞는 말이지요? 어쨌든 침 치료를 부탁합니다."

내가 있는 동안 테헤란에서 '침' 인기는 대단했다. 찾아오는 환자를 상대로 침에 대해 이야기하느라 나는 정신없이 시간을 보내야 했다. 중동 사람들의 눈에는 침이 대단한 도구로 비쳤다.

"무조건 침이 좋은 건 아니니 앉아서 차분히 이야기하시지요. 도대체 침 이야기는 어디서 들으시고 이렇게 들어오자마자 꺼내시는 건가요?"

"선생님이 여기만 계시니 잘 모르시나 본데요. 요즘 테헤란 시내에서 선생님의 침술 이야기가 얼마나 화제인데요. 주변에 한번 물어보세요. 제 말이 거짓말인지."

그의 말을 듣고 난 뒤 나는 택시를 타고 다닐 때면 창밖을 유심히 내다보았다. 하루는 테헤란 시내를 거닐다가 어린이 둘이 손목을 잡고 진맥을 하고 침 모양의 막대기를 팔에 꽂는 모습을 보기도 했다.

차에서 내려 어린이들에게 다가가 물었다.

"얘들아, 너희 지금 뭐 하는 거니? 그런 걸 어디서 봤어?"

"병원 놀이 하고 있어요. 요즘 병원에서 치료하는 의사 선생님 흉내를 내는 건데, 저도 듣기만 해서 잘 몰라요. 왜요? 이거 아니에요?"

수없이 밀려드는 환자들을 보느라 심신이 지쳐가던 나에게 그날 어린이들의 모습은 적잖은 충격을 주었다. 정신이 번쩍 들었다는 말이 더 정확할 것이다. 그 일이 있은 뒤 나는 다시 정신 무장을 하고 환자들을 대했다. 그리고 환자를 치료하는 일이 힘들거나 고향 생각이 날 때면 그날 어린이들의 대답을 생각하며 해이해진 마음을 추슬렀다. 그날 어린이들의 행동은 나에게는 그 어떤 가르침보다 중요한 깨달음을 주었다. 나에게 희망을 거는 이란 사람들의 시선을 생각하면 일분일초도 허투루 보낼 수 없었다.

그런 열광 속에서 살아간 덕분에, 애초에 한 달로 계획한 나의 이란 방문은 3년이나 훌쩍 지나 한국 땅을 밟고서야 막을 내렸다. 물론 3년 뒤의 한국행은 영구 귀국이 아닌, 그간의 공로를 인정받아 병원으로부터 받은 특별 휴가에 불과했다.

눈 내린 날 테헤란의 공원에서 어린이들과 함께 (1977년 11월)

작고 가는 침은 이란 전역을 흔들었다. 내가 골드 핑거라는 별명을 얻은 것도 침술 때문이었다. 그렇다고 내가 오기 전에 이란에서 나처럼 침을 놓는 의사가 없었던 것은 아니다. 침을 사용해 환자를 치료한 것은 아쉽게도 내가 처음이 아니었다. 1976년 내가 이란 생활을 처음 시작할 때에도 이란에는 침을 사용해 환자를 치료하는 이란인 의사가 있었다. 그는 오스트레일리아에서 중국인에게 침을 놓는 법을 배웠다. 그러나 그가 환자에게 침을 놓는 것은 담배와 마약 중독을 끊기 위한 수단에 불과했다. 더군다나 그가 사용한 침은 오스트레일리아에서 구입한 것으로 스테인리스가 아니라 녹슬 위험이 있는데다 색깔도 거무스름한 것이 조악하게 만든 일회용품에 불과했다. 찾아오는 환자가 제법 있었던 그는 내가 왕실 병원에서 근무한 지 얼마 지나지 않아 이란을 떠나야 했다. 더 이상 그를 찾는 환자가 없었기 때문이다.

내가 이란을 처음 찾은 그 이듬해 중국에서 침술 전문의 5명이 무료 진료를 하기 위해 이란에 왔다. 당시 중국과 이란은 가까운 사이여서 이란은 중국에서 육로를 통해 화장지를 비롯한 생활용품을 수입해 쓰곤 했다. 그런 면에서 당시 중국과 이란의 관계를 감안해볼 때, 내가 이란에 오기 전에도 중국인 의사들이 빈번하게 이란을 드나들었을 가능성이 높다.

중국인 의사들은 테헤란에 머물기로 예정되어 있었다. 그런데 보건사회부에서 효율적인 진료를 위해, 테헤란에는 골드 핑거가 있으니 마샤드(Mashad)로 가달라고 요청했다. 결국 그들은 종교 도시인 마샤드에서 진료를 시작했다. 처음 한동안 이들의 방문은 이란 언론에 대대적으로 보도될 만큼 많은 이들의 관심을 끌었다. 주요 방송들은 "이번에 이란을 찾은 침술 전문가 5명은 모두 중국 명의 출신"이라고 소개했다.

이란 정부와 국민들은 그들의 활약에 많은 기대를 걸었다. 나 역시 같은 동양 의학을 전공한 한 사람으로서 그들이 이란 사회에 좋은 이미지를 심어주길 바랐다. 지금보다 침술에 대한 관심이 높아질수록 나에게는 나쁠 게 없었기 때문이다.

하지만 결과적으로 그들은 그 이상의 큰 호응을 얻지는 못했다. 이란 정부는 국민들의 반응이 좋으면 마샤드에 침술 센터를 설립할 계획이었는데, 계획이 무산된 것을 봐서는 별반 인기를 끌지 못했던 것 같다.

"선생님, 중국인 의사 5명이 하지 못한 것을 혼자 하시다니 정말 대단하세요."

"상황이 여의치 않았을 뿐 그들의 실력이 부족해서 그런 건 아닐 거예요."

내가 골드 핑거라는 별명을 얻을 수 있었던 것은 아마도 손가락만으로 모든 것을 치료하는 우리 한의학에 대한 높은 존경심 때문이었을 것이다.

당시 이란은 국민들의 생활수준이 매우 높은 경제 부국이었다. 그래서 병원마다 최첨단 의료 기기 치고 없는 것이 없었다. 질병 진단에 온갖 최신 의료 기기를 사용하던 최고의 왕실 병원에서 난데없이 다섯 손가락만으로 사람의 맥을 짚고, 얼굴 한번 쓱 훑어보고 병을 진단하는 것 자체가 놀랍게 느껴졌을 것이다.

"닥터 리, 손가락으로 손목을 짚어보면 사람마다 그렇게 다릅니까? 나는 잘 모르겠던데……. 진짜 그렇게 미세한 차이를 느낄 수 있어요?"

양방 의사들 눈에 비친 나는 이단자였다. 하지만 뭐라고 말할 수 없지만, 지금까지의 치료가 모든 것을 말해주었다. 무엇보다 환자들이 나의 진료법에 무한한 신뢰를 보내는 마당에 학문의 차이를 놓고 논쟁하는 것은 아무런 의미가 없었다.

"하여튼 닥터 리는 내가 본 의사 중에서 가장 신비스러운 의사인 건 틀림없어요."

나와 이야기를 나누던 이란 의사들은 늘 이런 식으로 대화를 마무리했다. 논쟁을 이어갈 수는 있겠지만, 그게 얼마나 소모적인 일인지 그들은 잘 알았다.

그러나 초창기만 해도 상황이 좋지는 않았다. 부러움을 넘어 질시의 눈으로 보던 일부 양방 의사들은 "당신 점쟁이 아닙니까? 어떻게 그런 식으로 환자를 치료할 수 있습니까? 만약 당신이 환자의 생명을 위험하게 만들면 어떻게 책임질 겁니까?"라며 항의했다.

"이건 동양에서 수천 년 동안 경험과 체험을 통해 내려온 고유한 의학입니다. 당신이 동양 의학에 대해 잘 몰라서 그래요. 동양 의학은 우리 몸에 관해서 아주 체계적으로 정립된 학문입니다. 동양 의학의 한 가지인 우리 한의학 역시 오랫동안 배우고 수련하는 과정을 거쳐야만 일정한 수준에 도달할 수 있지요. 그러지 못한 사람에게는 한의사 자격을 주지 않아요."

양방 의사들의 날 선 공격이 있을 때마다 나는 학문의 접근성이 서로 다르다며 비판을 피했다.

테헤란에서 침술에 대한 시민들의 반응은 상상을 초월할 만큼 뜨거웠다. 일반인은 물론이고 의사들까지 침술에 관심을 보이면서 한때 동양 의학은 이란 사회에서 선풍적 인기를 끌었다. 어쩌다 보니 나는 어느 모임에서나 주목 받는 인사 중 한 명이 되어 있었다.

이란 민간요법과 한의학의 만남

내가 이곳에서 나의 학문적 발전에 만족하고 살았다면 나는 그저 그런 인생을 살았을지 모른다. 그러나 시간이 지나자 생각이 달라졌다. 기대감이 커졌고, 기대에 부응하기 위한 노력이 뒤따른 것은 당연했다. 당시 나는 남들 앞에서 조금도 내색하지 않았지만, 명성을 유지하기 위해 정말 부단한 노력을 이어갔다. 더 좋은 처방을 찾기 위해 틈만 나면 임상 자료를 분석했다. 입에서 입으로 전해지던 이란의 민간요법을 찾아 효능이 있다 생각되면 임상에 적극 활용했다.

그러기 위해서는 당시 이란 사람들의 식습관과 건강 상태를 파악하는 것이 급선무였다. 앞서 설명한 것처럼 이란 음식은 너무 기름져 단백질과 지방 함유량이 많다. 때문에 체내에 과다한 영양분이 쌓여 있다. 고통을 호소하는 이란인 상당수가 그들 식생활에서 그 원인을 찾을 수 있었다. 한방 이론에서는 과부족이 다 병을 초래하니 항상 모든 생활에서 중용을 지켜야 한다고 가르친다.

이란 사람들이 주로 먹는 것은 찐 밥이다. 양고기를 넣고 찐 밥, 닭고기를 넣고 찐 밥, 생선을 넣고 찐 밥, 채소를 넣고 찐 밥 등 찐 밥의 종류만 해도 십여 가지가 넘는다. 특별 요리로는 쉬린 폴로(단밥)가 유명했다. 쉬린 폴로는 건포도와 말린 오렌지 껍질에 기름을 넣고 찐 밥으로 오렌지 속껍질의 하얀 부분을 긁어내고 겉껍질을 잘게 썰어 말린 다음 잘 씻어 건포도와 같이 밥에 넣어 찐다. 결혼식과 회갑연, 생일 등 잔칫날에도 특별한 음식을 먹는다. 이때 먹는 것은 아주 시고 단 열매를 기름에 볶아서 새콤달콤한 맛이 많이 나는 게이씨 폴로(살구밥)다. 또 이란에서 재배되는 채소를 잘게 썰어 기름에 볶아서 콩과 같이 넣고 찌는 밥(바갈리 폴로) 등도 당시 꽤 인기가 있었다.

이란의 밥은 찌는 게 아니라 기름에 비벼 먹는다는 표현이 맞을 정도로 모든 음식에 기름이 많이 들어간다. 다시 말해 고칼로리 음식이다. 또 밥을 먹는 양도 많아 건강에는 도움이 되지 않았다.

또 이란 음식은 식초를 많이 넣어서 조리하는 게 특징이다. 식사를 하면서 '톨씨'라고 하는 레몬 종류의 열매를 반으로 자른 다음 즙을 짜서 숟가락에 담아 마신다. 그 신맛의 강도는

테헤란의 한 가정집에 초대를 받아 담소를 나누고 있다.
이란 사람들은 유독 손님에게 친절하다 (1977년 5월)

얼굴이 저절로 찡그러질 정도다. 톨씨는 우리나라에서 흔히 볼 수 있는 탱자만 한 크기다. 생김새가 탱자와 꼭 닮았는데 일반 가정에서 대중화된 식초 같은 조미료로 쓰인다. 집집마다 자루째 사다가 씻어서 열매를 잘라 즙을 내어 큰 병에 담은 다음 일 년 내내 음식이나 채소에 부어 먹는다.

이란 사람들은 이렇게 고칼로리 음식을 먹은 후 톨씨 같은 음료로 중화시킨다. 하지만 음식이 지나치게 고단백이어서 신장이 안 좋은 사람이 많고 동맥경화나 고지혈증, 담궐두통, 심장마비 같은 질병이 많은 편이다.

그러나 모두가 그런 것은 아니다. 우리가 잘 알고 있는 호메이니(Ayatollah Ruhollah Khomeini, 1902~1989) 옹의 부친은 100세를 넘어서까지 살았고, 호메이니 옹 역시 90세를 넘길 정도로 장수했다. 호메이니 옹은 세상을 떠날 때도 얼굴이 동안이었고 흠 하나 없이 깨끗했다. 그가 즐겼던 이란의 전통 식사법을 살펴보면, 소식을 하고 채소나 버터, 양젖으로 만든 요구르트를 상식하였다.

특히 페르시아의 유목민들이 즐겨 먹었던 요구르트는 설탕 성분이나 향신료를 전혀 넣지 않고 양젖에 소금만 조금 넣고 만든 것으로 흔히 '머스트'라고 부른다. 겉모습이 꼭 순두부처럼 생긴 머스트는 플레인 요구르트라고 생각하면 쉽게 이해가 될 것이다. 머스트는 값도 싸서 장수하는 이란인들은 대개 이 음식을 많이 먹었다. 이란에는 머스트를 활용한 다양한 음식이 있다.

이란 사람들은 담배를 거의 피우지 않는다. 술은 팔레비 왕정 때 주체할 수 없을 정도로 넘쳐났지만 이슬람 혁명 이후로는 금주가 생활화되었다. 또 이란인들은 성격이 매우 직설적이고 다혈질이며 에너지가 넘친다. 남녀를 막론하고 상당한 정력가들이어서 병이 오는 경우도 허증보다는 실증이 많다. 내가 이란에서 침으로 효과를 거둘 수 있었던 것도 침이 실증에 좋은 효과가 있어서였다. 더욱이 효능이 빨리 나타나다 보니 내가 그들로부터 '신이 보내준 천사의 손'이라는 극찬을 받은 게 아닐까 싶다.

유대인 청년 아브라힘에게 새 삶을…

유대인 청년 아브라힘은 외모가 수려한 청년이다. 그는 가는 곳마다 인기를 독차지했다. 학창 시절에도 그랬고, 직장 생활도 평탄했다. 사람의 첫인상에서 외모가 절반 이상을 차지한다는 말은 최소한 아브라힘만 놓고 보면 절대 틀린 말이 아니었다. 그만큼 그의 외모는 탁월했다.

내가 그를 만난 것은 1978년 초가을 무렵이다.

"간호사님, 오늘은 날이 좀 춥네요. 늘 무더운 날씨만 경험하다 이렇게 쌀쌀해지니 몸이 으슬으슬해요. 뭐 마실 만한 거 없을까요?"

아침부터 몸이 찌뿌둥했다. 하지만 나는 바로 전날도 근무했고, 아니 이란에 온 날 이후로 빠짐없이 병원에 나가 환자를 진료했다. '누적된 피로 탓일까' 생각하며 병원에 출근하였지만 이내 진료실 밖에 몰려든 환자를 보니 편안히 앉아 커피를 마신다는 것이 호사스럽게 느껴졌다. 고통 속에 밤새 몸을 뒤척였을 그들을 생각하니 커피 맛이 한층 썼다.

"환자 들여보내세요. 진료 시작합시다!"

잠시 후 나이가 스물 남짓한 청년이 들어왔다. 피부색은 까무잡잡했지만 175cm는 됨 직한 훤칠한 키에 코는 크고 쌍꺼풀이 진 눈이 첫눈에 보기에도 매력적인 젊은이였다. 평소 이란 사람들에게 별다른 감정을 느껴본 적이 없건만, 유독 이 젊은이를 보면서 '대체 무슨 병에 걸렸을까?' 하는 의문이 떠올랐다.

이제 내가 볼 것은 망진이다. 처음 진료실 문을 열고 들어올 때는 훤칠하게 느껴졌던 그의 얼굴을 자세히 뜯어보니 곳곳에 어두운 그림자가 드리워져 있었다. 크고 검은 두 눈동자가 슬픈 사슴의 눈처럼 깊고 슬퍼 보였다.

아브라힘이 이곳을 찾은 것은 삶의 마지막 끈을 붙잡은 것과 같았다. 머리도 명석하고 집안도 좋아 어디서나 사람들에게 환영 받는 그였지만, 평생 그를 따라다닌 천병은 그의 인생을 바닥에서 옴짝달싹 못 하게 만들었다.

'하늘이 내린 병이 주는 혹독함이 이런 것인가?'

그는 수많은 날을 고민해야 했다.

'여러 사람에게 피해를 줄 바에는 차라리 여기서 삶을 마감하자.'

실제로 그는 지옥의 문턱까지 갔다 돌아왔다. 부모님의 간절한 간병이 아니었으면, 그는 삶을 포기한 대가로 신의 엄청난 형벌을 받으며 살아야 했을지도 모른다. 하지만 그에게는 현세와 내세의 차이가 그다지 크지 않았다.

슬픈 눈의 청년 아브라힘은 그렇게 나를 찾아왔다. 그의 검은 눈동자는 몸과 영혼이 얼마나 큰 상처를 입었는지 잘 말해주었다. 질병이 한 젊은이의 영혼을 송두리째 망쳐놨다는 것을 직감하는 데는 오랜 시간이 걸리지 않았다. 그렇다면 결코 예사로운 병이 아니라는 뜻이다.

"손을 줘봐요."

나는 그에게 이란 말로 정중히 요청했다. 환자의 마음을 헤아리기 위해서다.

힘없는 팔을 내던지다시피 나에게 건네면서 그는 이렇게 말했다. 묻지도 않았는데 말이다.

"뇌전증(발작이 반복적으로 발생하는 만성 질환으로 예전에는 간질이라 불렸음)이에요."

그의 목소리에는 힘이 하나도 실려 있지 않았다. 얼마나 힘든 나날을 보냈기에 저리도 힘이 없을까? 나는 그의 처지가 안쓰러운 나머지 맥부터 짚어보았다.

천병이라고 불리는 뇌전증. 한국에서도 간혹 진찰하고 치료해본 경험이 있었다. 안타깝게도 뇌전증은 우리나라에서도 쉽게 고치기 힘든 질병이다. 나 역시 그랬다. 상당히 오랜 시간 정성을 기울여야 치료할 수 있는, 고난도 의술을 요하는 질병이었다. 더군다나 적합한 약재를 구하기도 힘든 이란이 아닌가? 맥을 짚어보니 그의 병은 이미 돌이킬 수 없는 상황이었다.

"병은 언제부터 앓았나요?"

"…… 아주 어려서부터요……."

"발작 주기는 어떻지요?"

"요즘은 하루에 세 번씩 해요."

하루에 세 번 정도면 중증 가운데서도 중증에 해당했다. 나는 고개를 들어 아브라힘의 얼굴을 쳐다보았다. 그의 얼굴은 이미 삶을 포기한 듯한 인상이었다. 표정 자체가 없었다. 이 착하고 순결한 청년에게 하늘은 천벌을 하루에 세 번씩 주고 있다니……. 너무나 가혹하다는 생각이 들었다. 발작을 하루에 세 번씩 한다면 학교생활은 물론 일상생활도 불가능할 것이 뻔했다.

"그동안 어떤 치료를 받았나요?"

그러자 그가 눈동자에 힘을 주었다. 세상이 너무 원망스러워서 그런 것일까?

"세상에 나와 있는 뇌전증에 좋다는 치료는 모두 받아봤어요. 파파가 사업을 해서 돈을 벌면 제 병을 치료하는 데 다 쓰셨지요. 그런데도……."

그는 한쪽 입술을 일그러뜨리며 씁쓸하다는 듯 미소를 지었다. 누구든 앞에 두고 욕이라도 한 바가지 쏟아내야 속이 시원하련만 그럴 대상도 없어서 막막하다는 표정이었다. 하지만 이내 그는 지금 자신의 상황이 피할 수 없는 운명인 듯 고개를 떨구었다.

나는 아브라힘의 병을 고쳐주고 싶었다. 하지만 그의 몸은 최선을 다해서 치료한다고 해도 고칠 수 없는 지경이었다.

아브라힘뿐만 아니라 이란에서 만난 대다수 불치병 환자들의 몸 상태가 그랬다. 나는 이란에 머무는 동안 정말 많은 시간을 불치병 환자를 치료하는 데 보냈다.

하지만 어떤 환자를 대하건 나는 한 번도 완치를 내세운 적이 없다. 병을 쉽게 여기는 것은 의사의 기본 도리가 아니라는 생각에서 모든 병을 대할 때 겸손하게 진찰하려고 노력하는 편이다. 완치가 가능한 병이라면 그건 이미 불치병이 아니다. 아브라힘도 나에게는 그런 환자 중 하나였다.

"이름이 뭐라고 했지요? 아브라힘? 그래요, 아브라힘, 당신도 잘 알 거예요. 뇌전증은 어떤 의사라도 완벽하게 치료를 장담할 수 없는 병이에요."

나는 치료에 들어가기에 앞서 내 생각을 비교적 솔직하게 전했다.

"네, 잘 압니다. 그리고 솔직히 말하면, 선생님이 저를 완벽하게 고쳐주신다고 해도 믿지 않을 생각이었습니다. 그런데 오히려 솔직히 말씀해주시니 제 마음이 편하군요."

그는 잠시나마 가졌던 완치에 대한 기대가 산산조각이 나자 다시 풀이 죽은 채로 고개를 떨구었다.

"내 말은 고칠 수 없다는 게 아닙니다. 침을 열 번 정도 맞는 것부터 시작해보자고요. 그렇게 해도 효과를 기대할 수 없는 병이 바로 이 뇌전증이에요. 적어도 한 달은 꾸준히 치료해봐야겠지만, 솔직히 큰 효과를 얻기는 힘듭니다. 그래도 만약 한 달 동안 저에게 치료 받을 생각이 있으면 다른 생각 마시고 꾸준히 다니도록 하세요. 한 열흘 다니다 나을 기미가 보이지 않는다며 발길을 끊을 생각이라면 아예 시작도 하지 마세요. 그게 서로를 위해 좋습니다."

솔직한 이야기에 마음이 움직였는지, 그는 담담히 대답했다.

"무슨 말씀이신지 잘 알겠습니다. 저는 그동안 절망 속에 살아왔습니다. 처음에는 모두를 원망했지만, 지금은 생각이 많이 바뀌었습니다. 아무도 원망하지 않아요. 솔직히 제 병을 고치지 못한다고 해도 선생님의 능력을 의심하거나 원망하지는 않겠습니다. 그건 약속드릴 수 있습니다."

"좋습니다. 그런 마음가짐이라면 함께 병을 치료해봅시다! 걱정할까 봐 미리 말해두지만 제 치료법은 아무런 부작용도 없습니다. 사용하는 약도 독성이 전혀 없을뿐더러 침도 설령 병을 치료하지 못하는 일은 있을지언정 병이 악화되는 경우는 없다는 얘깁니다."

"미리 말씀해주셔서 감사합니다. 사실 병원을 찾을 때마다 마음 한구석에는 그런 마음이 없지 않았거든요. 그런데 선생님, 제가 지금까지 꾸준히 먹고 있는 약이 있는데 계속 먹어도 될까요? 오늘 아침에도 먹고 나왔습니다."

나는 '꾸준히 먹고 있는 약'이라는 소리를 들은 순간 약의 성능보다 정신적 안정감을 주목했다. 꾸준히 먹었는데도 병이 낫지 않는다면 그건 다시 생각해볼 문제지만, 꾸준히 먹어왔기에 정신적 안정감은 얻을 수 있으리라고 판단했다. 나는 갑자기 약을 끊을 경우에 올 수 있는 심리적 불안감을 생각하지 않을 수 없었다.

"약을 굳이 끊을 필요는 없습니다. 양방 의사의 처방에 따른 약은 드셔도 됩니다."

"네, 알겠습니다. 감사합니다. 선생님!"

내가 치료해주겠다는 말을 할 때보다 그의 표정이 더 환해졌다. 새로운 밧줄을 잡기보다 지금 잡고 있는 줄을 놓는 것이 더 부담스러운 게 인간의 본성이기에 더욱 그랬을지 모른다. 나는 일단 침으로만 치료를 했다. 아브라힘은 약속대로 꼬박꼬박 병원을 찾아왔다. 물론 치료 기간 동안에도 그의 발작은 계속되었다. 치료에 대한 의구심을 가지는 것은 당연했다. 나는 아브라힘의 처진 어깨를 볼 때마다 토닥이며 힘내라고 말하고 싶었지만 참아야 했다.

약속했던 한 달이 지나자 미세하지만 자그마한 변화가 나타나기 시작했다. 하루에 세 번씩 일어나던 발작이 점차 횟수가 줄더니 급기야 하루에 한 번으로 줄어들었다. 이제는 그 스스로가 한의학에 대해 깊은 신뢰를 갖기 시작했다.

"선생님, 더 치료 받고 싶습니다. 지금도 발작은 계속되지만 정도가 한결 덜한 것 같고……."

발작 횟수와 강도가 줄어들었다는 것은 병태가 호전되고 있다는 것을 의미했다. 나 역시 치료 과정에서 그런 느낌을 받았다. 노력만 하면 병을 치료할 수 있다는 믿음을 가지고 그는 그 뒤로도 정말 열심히 병원에 다녔다. 한 번도 진료 시간에 늦은 적이 없었다. 그러는 사이 병은 눈에 띄게 호전되어갔다. 침울하기 짝이 없던 그의 성격은 구겨진 색종이가 펴지듯 조금씩 밝아졌고 뺨에는 순홍빛 생기가 돌기 시작했다. 예전에도 훤했던 그의 얼굴이 치료 후에는 더욱 환해졌다. 지나가는 간호사들이 힐끗힐끗 쳐다볼 정도였다.

석 달이 지나자 발작 횟수가 3~4일에 한 번 정도로 줄어들었다. 그때부터인가 그는 자주 웃기 시작했고, 사회생활을 하는 제 또래 친구들과 조금씩 몸짓이 닮아갔다. 나는 아브라힘의 눈에서 뿜어져 나오는 밝은 빛을 보고서는 완치가 가능하다고 확신했다.

여섯 달이 지나고 나서부터 그의 몸 상태는 한결 좋아졌다. 한두 달에 한 번 정도 불규칙하게 발작이 일어날 뿐 더 이상 악화되는 일은 없었다. 하지만 그래도 발작이 있는 만큼 완치를 판정할 수는 없었다. 다행히 반가운 소식은 그가 이제 사회

생활을 시작했다는 것이었다.

"선생님, 지난주부터 아버지 사업을 돕게 되었어요. 이게 다 선생님 덕분입니다."

짙은 그늘을 드리웠던 그의 두 눈은 이제 미래에 대한 희망으로 활활 타올랐다.

그러던 차에 이슬람 혁명이 일어났다. 나는 병원에서 진료를 계속 이어나갔지만, 어지러운 정세 탓인지 그는 혁명 이후 발길을 끊었다. 여섯 달 동안 계속되어온 치료는 슬그머니 중단되고 말았다.

그로부터 2년 뒤 그는 다시 병원을 찾아왔다. 그사이 그는 우수에 찬 젊은이에서 건장하고 멋진 신사로 변해 있었다. 나는 아브라힘의 화려한 변신을 보면서도 내심 그의 병세가 악화되어 나를 찾아온 건 아닐까 걱정부터 했다. 그래서 마음 한 구석이 편치 않았다.

"우아, 아브라힘! 오랜만이에요. 뭐예요? 완전히 딴사람이 되었잖아? 설마 어디가 아파서 날 찾아온 건 아니지요? 그럼 나 싫은데……."

"아니에요, 선생님을 뵙고 싶어서 온 거예요."

"그럼 다행이고. 그런데 그간 왜 병원에 오지 않은 거예요?"

"몸이 다 나은 것 같았고, 파파로부터 독립해 사업을 막 시작하다 보니 시간이 없었어요. 진작부터 찾아뵈어야 한다고 생각했는데, 차일피일 미루다 보니 이제야 오게 되었어요. 죄송합니다, 선생님.”

“아니에요, 다 나았다니 내가 더 고맙지요. 몸은 좀 어때요?”

“생활하는 데 전혀 지장이 없습니다. 정확히 지난 1년 7개월 동안 발작이 일어난 적이 단 한 번도 없었습니다.”

“정말 다행이에요. 그럼 오늘은 무슨 일로 오신 건가요? 단순히 인사하러?”

“선생님, 제가 결혼하게 되었습니다. 청첩장을 드리려고 온 거예요. 바쁘시더라도 꼭 참석해주세요.”

아브라힘은 청첩장을 내밀며 참석 여부를 물었다. 나는 수첩을 확인했다. 그날 일정을 보니 이미 약속이 잡혀 있었다. 하지만 선약을 다음으로 미루는 한이 있더라도 아브라힘의 결혼식만큼은 꼭 참석하고 싶었다.

“마침 그날 약속이 있는데, 아브라힘을 위해서라면 한 주 미루지요 뭐. 오랜 시간 참고 인내한 아브라힘에게 오히려 제가 감사해야 할 것 같아요.”

아브라힘이 돌아간 뒤 나는 기쁜 마음으로 진료를 했다. 마치 올림픽 개회식 때 하늘로 날아오르는 풍선처럼 내 마음은 하루 종일 기쁨으로 들떠 있었다.

당시 이란에서는 결혼식을 집에서 많이 했다. 결혼식 날 즐거운 마음으로 아브라힘의 집으로 찾아갔다. 청첩장에 쓰인 주소에는 큰 저택이 대문이 활짝 열린 채로 서 있었다. 몇 발자국 걸어 들어가자 중년 부인이 말을 걸어왔다.

"혹시 한국에서 오셨나요?"

"네, 그렇습니다."

"그럼 혹시 왕실 병원에서 근무하시나요?"

"네, 그런데 그건 왜 물으시지요?"

고개를 끄덕이며 대답하자 중년 부인의 눈에서 눈물이 왈칵 쏟아졌다. 순간 가슴이 철렁 내려앉았다. 중요한 예식을 앞두고 갑자기 신랑이 입에 거품을 물고 뒤로 쓰러진 것은 아닐까? 걱정부터 앞섰다. 하염없이 눈물을 흘리던 중년 부인이 내 손을 덥석 잡고는 반갑게 껴안았다.

"감사합니다, 감사합니다! 아브라힘 때문에 집안에 눈물 마를 날이 없었는데, 선생님이 우리 애를 고쳐주셔서 이렇게 행복한 날을 맞이하네요. 선생님은 우리 집안의 은인이세요."

중년 부인은 다름 아닌 아브라힘의 어머니였다. 그녀가 내 손을 잡고 눈물을 흘리자 무슨 일인가 하고 사람들이 몰려들었다. 나는 너무나 당황스러웠다. 전혀 예상치 못한 상황을 보며 당황하던 내가 안쓰러웠는지 한 여성이 나에게 물었다.

"혹시 당신이 닥터 리인가요?"

"네, 맞아요. 이럴 줄 알았으면 결혼식에 참석하지 말걸 그랬나 봐요. 경사스러운 날 분위기를 망칠 줄은 몰랐습니다."

그녀는 내 손을 굳게 맞잡았다.

"무슨 말씀을요. 다들 당신을 기다렸답니다. 아브라힘은 우리 집안의 기둥인데, 어릴 적부터 뇌전증으로 얼마나 고생했

뇌전증을 이겨낸 아브라힘의 결혼식장에
한복을 입고 참석했다 (1988년)

는지 모릅니다. 총명하고 잘생긴 애가 그 몹쓸 병에 걸려 얼마나 고생했는데요. 그걸 선생님이 고친 겁니다. 선생님은 하늘이 우리 집안에 보내준 천사임이 틀림없어요. 우리는 그렇게 믿고 있어요."

아브라힘의 누나였다. 그녀 역시 아브라힘처럼 대단한 미모의 소유자였다. 그녀가 갑자기 소리쳤다.

"여러분! 이리 와보세요. 이분이 우리 아브라힘을 고친 닥터 리예요. 골드 핑거라는 얘기를 듣는 그분, 하늘이 내려준 천사랍니다. 제 친구도 이분에게 치료 받아 씻은 듯이 나았다고 해요. 이리 오세요, 여러분."

골드 핑거라는 소리를 듣고는 사람들이 구름 떼처럼 몰려들었다. 이들은 하나같이 손목을 걷어 올리며 자기도 좀 봐달라고 웅성댔다. 아브라힘이 자주 말을 했는지, 한방의 맥진을 정확히 이해하고 있는 것 같았다. 순간 정말 당황스러웠다. '어떻게 해야 하나' 고민하던 그때, 구석에서 눈물 흘리며 울던 아브라힘의 어머니가 감정을 추스르고는 사람들에게 외쳤다.

"이보세요, 여러분! 오늘은 우리 아브라힘의 결혼식 날입니다. 이 무슨 무례한 행동인가요? 이분은 우리 가문의 은인이세요. 모두들 예의를 갖춰주세요. 닥터 리, 이리로 오세요."

그녀가 내 손을 잡고 식장으로 안내했다. 등 뒤로 사람들의 박수갈채가 들렸다. 그 갈채는 식장 안에까지 이어졌다. 마치 내가 오늘 결혼식의 주인공인 것처럼 사람들은 지나가는 나를 바라보며 기립 박수를 쳤다. 식장에 들어선 아브라힘의 어머니는 하객들에게 나를 소개했다. 그러자 찬사와 함께 우레 같은 박수가 쏟아졌다.

그 순간 나는 아브라힘 옆에 서 있는 신부를 바라보았다. 신부는 눈부시게 아름다웠다. 태어나서 그토록 아름다운 한 쌍의 신랑 신부는 본 적이 없었다. 아브라힘의 어머니는 결혼식 내내 하염없이 눈물을 흘렸다. 나는 손수건으로 연신 눈물을 훔치는 그녀 옆에서 새로운 삶을 향해 첫발을 내딛는 두 사람을 진심으로 축하했다. 그리고 내 가슴속에서도 환희의 구름이 뭉실뭉실 피어오르고 있었다.

대저택을 선물로 받다

나는 이란에서 정말 많은 친구들을 사귀었다. 그 가운데서도 가장 오랜 우정을 나눈 사람을 들라면 샤프 할머니를 꼽고 싶다. 나는 그녀와 정말 깊은 친교를 나눴다.

샤프 할머니를 만난 것은 이란에 간 지 얼마 되지 않아서였다. 평소 알고 지내던 정부 관료가 심한 담궐두통에 시달리는 왕족이 있는데 가서 진찰하고 치료가 가능한지 알아봐달라고 한 것이 인연이 되었다.

당시 그녀는 일흔둘이었다. 우리 나이로 계산하면 73세나 74세 정도 된 것 같았다. 담궐두통 환자를 많이 치료하던 때라 어느 정도 자신이 있었지만, 나이가 많은 고령 환자인 것이 마음에 걸렸다. 나는 일단 할머니가 보내주신 차를 타고 그녀 집으로 갔다.

그날 나는 두 번 놀랐다. 무엇보다 나를 놀라게 한 것은 저택의 크기였다. 저택은 테헤란 시내 중심가에 있었는데, 얼핏 봐도 1,000평은 넘어 보이는 대지에 2층 건물이 두 채 세워져 있었다. 우리 식으로 치면 하나는 본채이고, 다른 하나는 행랑채였다. 내부는 100명은 족히 들어갈 수 있을 것 같았다. 대리석 바닥에는 화려한 페르시아 양탄자가 깔려 있었다. 그리고 샹들리에를 비롯한 실내 장식은 입을 다물지 못할 만큼 화려하고 우아했다.

한참 뒤에 나타난 할머니는 또 한 번 나를 놀라게 만들었다. 이란 여성은 나이를 먹으면 실제 나이보다 더 들어 보이기 십상인데 그녀는 정반대였다. 유머 감각도 풍부했고 유행에도 민감한 반응을 보였다. 도무지 칠십 대 노인이라고는 믿기지 않을 정도였다. 영어 실력도 수준급이었다. 나는 저택과 할머니가 풍기는 분위기에 조금은 기가 죽었다. 어색한 분위기를 풀기 위해 일단 가까운 곳에서 이야기를 풀어나갔다. 하지만 그녀가 어떤 사람인지를 알 수 없는 상황에서 도무지 어떤 말을 해야 할지 생각이 나지 않았다.

"영어를 무척 잘하시네요."

"잘하기는요. 과찬입니다. 미국 아이들보다 형편없는걸요. 하하하. 어렸을 적에 미국인이 운영하는 국제 학교를 다녔어요. 영어 실력은 그때 배운 게 고작입니다."

"젊은 시절에 꽤 미인이셨겠는데요?"

사실 나는 여담을 별로 좋아하지 않는다. 체질적으로도 맞지 않기 때문이다. 하지만 이때 내가 한 말만큼은 진심이었다.

"난 잘 몰랐는데, 내가 지나가면 거리가 조용해지곤 했지요. 호호호. 모두들 넋을 빼고 나를 바라보느라고 말이에요. 농담입니다, 농담. 자, 차 들어요."

할머니는 손수 차를 따라주셨다. 나는 한 모금 한 모금 차를 음미하며 마셨다. 분위기가 자연스러워졌다. 나는 서서히 본론으로 들어갔다.

"두통은 언제부터 앓기 시작하셨나요?"

"어이구, 성격도 급하셔라. 나는 차 한잔 마시고 천천히 얘기하려 했는데……. 그래요, 기왕 말이 나왔으니 시작하지요. 언제부터였더라……."

할머니는 잠시 기억을 더듬더니 이렇게 말했다.

"30년쯤 되었네. 나는 한 100년쯤 된 줄 알았더니, 겨우 30년밖에 안 됐어."

"두통이 생기는 주기는 어떻습니까?"

"글쎄요, 특별히 대중없기는 하지만, 보통 한 달에 한 번꼴로 꼭 찾아오는 것 같더군요. 정말로 달갑지 않은 손님이지요. 이렇게 닥터 리는 저에게 반가운데 말이지요."

신병 앞에서도 그녀는 여유를 잃지 않았다. 남을 배려하는 것이 마치 몸에 밴 것처럼 말이다.

"한번 아프시면 통증은 얼마나 가던가요?"

생각하기조차 싫은 기억을 떠올리게 만들어서일까? 그녀가 얼굴을 찡그리며 잠시 먼 곳을 바라보았다.

"한번 시작하면 영원히 멈추지 않을 것처럼 아프다오. 그럴 때는 내 심장이 먼저 멈추게 될지 아니면 두통이 먼저 멈추게 될지 모르지. 한 사흘쯤 지나면 스르르 사라지고는 했는데, 지금은 그마저도……. 그동안은 내가 정말 운이 좋았나 봐요. 요즘은 한번 두통이 시작되면 정말 심장이 멎을 것처럼 고통스럽다오."

할머니는 근심이 가득한 눈빛으로 나를 바라보았다. 그녀의 눈동자에는 한 줄기 간절한 빛이 흐르고 있었다.

"30년간 이 병을 앓으셨다고 들었는데, 그동안 치료도 많이 받아보지 않으셨어요?"

나는 할머니의 맥을 짚으며 말했다.

"에이, 당연하지요. 닥터 리도 보면 알겠지만, 내가 병원 치료비를 걱정할 정도로 못살지는 않아요. 왜 해보지 않았겠어요? 미국, 영국, 프랑스, 독일, 일본 등 안 가본 데 없이 다 가봤어요. 아마 달나라나 화성에 마이그레인을 고치는 외계인이 있었다면 무슨 수를 써서라도 그곳에 갔을 겁니다."

"그 심정, 이해가 갑니다."

나는 맥진을 마치며 할머니의 손을 꼭 감쌌다.

그랬다. 그 순간 나는 간디스토마를 앓던 참담한 시절을 떠올렸다. 병을 앓는 사람은 부자든 가난하든 간에 절박하고 불

이란 왕실이 주최한 테헤란 부인회 자선의 밤 행사.
필자의 옆, 가운데 있는 사람이 샤프 할머니 (1976년 10월)

쌍하기 마련이다.

"그래서 내 인생에 마지막으로 중국에 가서 침을 한번 맞아 볼까 생각하고 있었어요. 그런데 이렇게 닥터 리를 만났으니 이것도 참으로 운명적인 만남이 아닐 수 없네요. 닥터 리와 내가 말이지요. 어제 닥터 리가 내 집에 온다는 소식을 듣고는 마치 꿈이 현실로 이루어졌다는 착각이 들었답니다. 어때요? 고칠 수 있겠어요?"

샤프 할머니의 질문에는 절박함이 담겨 있었다. 얼마나 힘들었을까. 나는 할머니의 병을 누구보다 이해할 수 있었다. 나를 이란에 정착하게 만든 것이 바로 담궐두통이 아닌가.

샤프 할머니는 내 대답을 간절히 원하는 모습이었다. 하지만 나는 지금까지 허언을 해본 적이 없었다. 특히 환자를 대하는 데 있어서는 누구보다 객관적이고 겸손한 모습을 보이려고 노력했다.

"유감스럽게도, 저는 신이 아닙니다. 그래서 어르신의 미래를 정확히 예측할 수는 없습니다. 어르신이 듣고자 하는 답을 드리지 못해 죄송합니다."

내가 머리를 조아리자 샤프 할머니가 활짝 웃으며 말했다.

"하기야 의사는 신이 아니지. 닥터 리는 솔직한 사람이군요."

그녀가 머리를 끄덕이며 말했다.

"그렇지만 최선을 다해서 치료하도록 하겠습니다. 우선은 한 달만 치료해보는 걸로 하지요. 그 뒤 차도가 없으면 중단하고 차도가 있으면 계속하기로 하시지요."

치료를 시작한 지 석 달 만에 샤프 할머니의 두통은 완치되었다. 샤프 할머니는 천식을 심하게 앓았고 빈혈도 있었다. 한방에서 볼 때 혈허(血虛) 증상이 있어 한약을 같이 썼다. 그 이후의 치료는 의미가 없었지만, 나는 샤프 할머니와의 만남이 늘 즐거웠기에 가끔씩 그 집에 들러 침을 놓아드리곤 했다. 샤프 할머니는 그 후 석 달이 지났는데도 두통이 찾아오지 않자 완치가 되었다고 확신하고는 나를 불렀다.

"무슨 일이세요? 할머니, 어디가 편찮으신 건 아니지요?"

"에이, 무슨 말을 그렇게 해요? 닥터 리가 나를 이렇게 고쳐주었는데……. 나는 이제 닥터 리만큼은 신뢰합니다. 내가 믿는 외국인은 아마 닥터 리가 유일할 겁니다. 나는 의심이 많은 사람이거든요."

"그러신가요? 호호호. 고맙습니다, 할머니. 그런데 저를 부른 다른 뜻이 있으신가요?"

"닥터 리가 내 병을 고쳐준 데 보답하는 의미로 선물을 하고 싶어서……."

"선물이오? 무슨 선물을……."

"바로 이 집이야."

"네?"

나는 깜짝 놀라서 두리번거리며 집을 둘러보았다. 이 집을 주겠다니 이 무슨 소리인가? 지금까지 의사 생활을 하면서 자기 집을 주겠다는 사람은 처음이었다. 할머니 마음은 알겠지만, 내게는 너무나 과분한 선물이었다. 순간 소용돌이가 내 영혼을 빨아들이듯 머릿속이 복잡해졌다.

"닥터 리, 오해하지 말고 들어요. 이 집은 내가 태어난 걸 기념해 아버지가 지어주신 거예요. 그러니까 정확히 올해로 72년 된 집이지. 내가 시집갈 때 내 앞으로 명의를 바꿔주셨어요. 자랑을 좀 하면, 이 집은 두께가 1m가 넘는 흙벽돌로 지었어요. 그래서 겨울에는 따뜻하고 여름에는 시원하지요. 지하로 내려가면 흙으로 만든 물탱크가 있어요. 우기에 비를 받아두었다가 이물질을 가라앉힌 뒤 건기에 사용할 수 있도록 만든 장치예요. 이 집은 이것 말고도 정말 많은 매력을 갖고 있어요. 닥터 리, 내가 살아봐서 아는데 이탈리아 남자보다도 멋지다니까."

나는 당황스러웠다.

"지금 무슨 말씀을 하시는 건지 잘 모르겠어요. 집을 주시면 할머니는 어떻게 사시려고요? 그냥 못 들은 걸로 하겠습니다. 솔직히 너무 당황스럽네요. 저 그만 일어날게요, 할머니."

자리를 박차고 일어나려는데 샤프 할머니가 내 손을 잡아 다시 의자에 앉혔다.

"닥터 리, 당황스러울 수밖에 없다는 거 충분히 이해합니다. 하지만 닥터 리를 놀리려고 하는 말은 결코 아니니 오해하지 말고 들어줘요. 이 집은 이제 새로운 주인을 찾아야 해요. 내 무덤 속까지 끌고 가기에는 너무 크지. 닥터 리는 이 집을 받을 만한 충분한 자격이 있어요. 그러니 거절하지 말고 받아줘요."

"할머니 마음은 충분히 알겠지만…… 마음만 기쁘게 받을게요. 저는 단지 의사로서 해야 할 일을 했을 뿐이에요. 무엇을 원해서 한 것이 결코 아니에요. 그러니 이렇게 큰 선물은 도저히 받을 수가 없습니다. 제발 예전처럼 대해주세요. 할머니께서 자꾸 이러시면 제가 이 댁을 다시 찾아뵙는 것도 힘들어진답니다."

나는 완곡히 거절했다. 하지만 샤프 할머니도 좀처럼 뜻을 굽히지 않았다. 샤프 할머니는 내가 치료에 들어가기 전부터 마음의 준비를 하셨다고 했다. 자신의 병을 고쳐준 사람에게 자신이 사랑하는 이 집을 주겠노라고 말이다. 하지만 사전에 집 이야기를 하면 서로 부담이 될 것 같아, 추후 완치 여부를 확인한 뒤 집을 주기로 마음먹었다고 한다. 다시 말해 즉흥적으로 하는 말이 결코 아니라는 것이었다.

샤프 할머니는 끝까지 자신이 왜 그런 생각을 하게 되었는지를 나에게 자세히 말해주었다. 머리로는 이해가 되지만 가슴으로는 이해되지 않는 할머니의 이야기를 들으며 나는 연신 한숨을 내쉬었다. 샤프 할머니는 스스로 한 약속이니 제발 받아달라는 식으로 전략을 바꾸었다. 결국 나는 타협안을 내

놓을 수밖에 없었다.

"할머니, 그러면 제가 이 집에서 딱 여섯 달만 살게 해주세요. 그 이상은 싫어요. 반년이면 저로서는 충분합니다."

샤프 할머니는 결국 무척 섭섭해하며 내 뜻을 받아들였다. 나는 그 저택을 소유하지는 않았지만, 반년 동안은 내 집처럼 편히 지낼 수 있었다.

살다 보면 누구나 한 번쯤은 크고 작은 유혹을 받게 된다. 샤프 할머니가 내게 그런 제의를 한 것은 한시라도 그 지긋지긋한 담궐두통에서 벗어나고 싶었기 때문일 것이다. 하지만 나는 샤프 할머니를 치료하면서 사례는 충분히 받았다고 생각한다. 할머니는 늘 정다운 미소로 나를 대해주셨고, 정성껏 차린 음식으로 나를 반갑게 맞아주셨다. 솔직히 나는 그것으로 족했다. 게다가 할머니의 병까지 완치되었으니 무얼 더 바라겠는가?

나는 그 모든 것이 감사하게 느껴졌다. 지금도 그분이 해주신 음식이 생각나는 것은 왜일까. 이란에서는 대개 아침과 점심은 간단히 먹고, 대신 저녁은 최대한 푸짐하고 화려하게 차려 먹는다. 아침 식사 시간에는 양탄자 위에 무늬가 새겨진 두껍고 깨끗한 비닐 자리를 깔고 둘러앉아서 차와 빵을 먹는다. 아침에 주로 먹는 빵은 눈에라보쉬다. 밀가루에 소다를 섞어 지름 50cm에 2~3mm 두께로 아주 얇게 구워낸 원형이나 타원형 모양의 빵이다. 이란 사람들은 고기 요리를 많이 먹기 때문에 채소 섭취량도 많은 편이다. 그래서 아주 작은 땅만 있어도 씨를 뿌려 각종 식용 식물을 재배하곤 한다. 약초 개념으로 보면 대개 소화제 역할을 하는 식물들이다. 식사 때가 되면 조그마한 바구니나 접시에 깨끗하게 씻은 채소 몇 가지가 함께 나온다. 박하 잎, 소엽, 겨자초, 쪽파 뿌리 같은 것들이다.

물론 이것은 어디까지나 이란 사람들의 일반 가정식이다. 샤프 할머니는 내가 외국인임을 고려해 음식을 최대한 서구식으로 차려주셨다. 특히 할머니가 주었던 채소들은 정말 맛있었다. 샤프 할머니와 함께 지내는 동안, 그리고 할머니의 집을 나가 이란에서 살 동안 나는 채소를 정말 많이 먹었다. 그런 것이 습관이 되어 나는 지금도 채소를 많이 먹는다.

지금은 고인이 되었을 그분을 생각하니, 유난히 다정다감했던 이란 사람들이 많이 생각난다. 한 번도 만나보지 못한 낯선 외국인에게도 친절을 베풀던 이란인들이 많았기에 내가 그토록 오랜 시간을 그곳에서 보냈는지도 모르겠다.

그때는 그분의 생각이나 뜻이 잘 이해되지 않았다. 평생 일군 재산을 피 한 방울 섞이지 않은 남에게 선뜻 내놓는다는 것이 얼마나 어려운 일인가? 그러나 이제 인생을 정리하는 시기로 접어든 나는 그때 왜 샤프 할머니가 그런 말씀을 하셨는지 조금은 이해가 된다. 한번 살아가는 인생, 타인과 사회를 위해 헌신하며 살아가는 것, 그것은 내 아버지가 이 땅에서 몸소 실천하신 것이었다. 내가 오늘날 사회의식 개조 운동에 적극 나서게 된 것도 다 그런 이유 때문이 아닐까.

지금 이 글을 쓰다 보니 불현듯이 테헤란에서 나를 반갑게 맞아주시던 샤프 할머니가 생각난다.

"드디어 젊음이 제게 돌아왔어요"

여성들은 모두 예뻐지고 싶어 한다. 나는 한국에 와서도 많은 여성들의 주름살을 펴주었는데, 내가 주름살을 펴는 미용침을 놓게 된 것은 20년 전 이란에서였다.

한국에서 한 달간 휴가를 마치고 이란으로 돌아온 지 며칠 지나지 않아서였다. 마흔 살쯤 된 여성이 들어오며 반갑게 인사를 했다. 적당히 야윈 얼굴에 늘씬한 몸매를 지닌, 한눈에 보기에도 미용에 관심이 많아 보이는 매력적인 여성이었다.

"선생님께 예약한 게 넉 달 전입니다. 자나 깨나 오늘이 오기만을 기다렸는데, 이렇게 가까이서 뵈니 벌써 병이 다 나은 것 같아요."

그녀는 사근사근하게 말을 붙였다. 나는 한눈에 담궐두통 환자라는 것을 눈치챘다. 이란에서 담궐두통 환자를 하도 많이 보고 치료했기 때문이었다. 그녀는 10여 년 전부터 한 달에 약 4~5일간 머리가 아픈데, 속이 메슥거리고 안구가 빠져나올 것처럼 아프고 예리한 송곳으로 뒤통수에서부터 눈동자까지 쿡쿡 찌르는 것 같아 밥도 제대로 먹을 수가 없다고 했다. 아주 전형적인 담궐두통 환자였다.

진찰해보니 예상한 대로 담궐두통 환자였다. 나는 침만으로 치료하기로 하고 일주일에 세 번씩 침을 놓을 테니 빠지지 말고 한 달 동안 치료를 받으라고 했다. 그녀는 꼬박꼬박 침을 맞으러 왔다. 치료를 시작한 지 한 달이 지나 침을 놓은 횟수로 치면 15회 정도 되었을 때였다.

"선생님, 이제 두통이 멈췄나 봐요. 생리 때가 되면 제일 심했는데, 이제는 아무렇지도 않아요."

그녀는 침을 맞고 나서 밝은 목소리로 말했다.

"아! 그래요? 그럼 일단 치료는 여기서 끝내는 걸로 하지요."

나는 고개를 끄덕이며 말했다. 예상보다 빠른 완치였다.

"그런데 선생님, 침을 맞으면 잔주름이 없어지나요?"

차트를 정리하고 있는데 그녀가 방을 나가지 않고 물었다.

"그럴 수 있지요. 두통 치료에 놓는 혈과 미용 침에 놓는 혈이 비슷하니까요."

나는 고개도 들지 않고 대수롭지 않게 말했다.

"선생님께 침을 맞은 뒤부터 어디를 가나 얼굴에 화색이 돌고 젊어졌다는 이야기를 많이 들어요. 글쎄, 애기 아빠도 저더

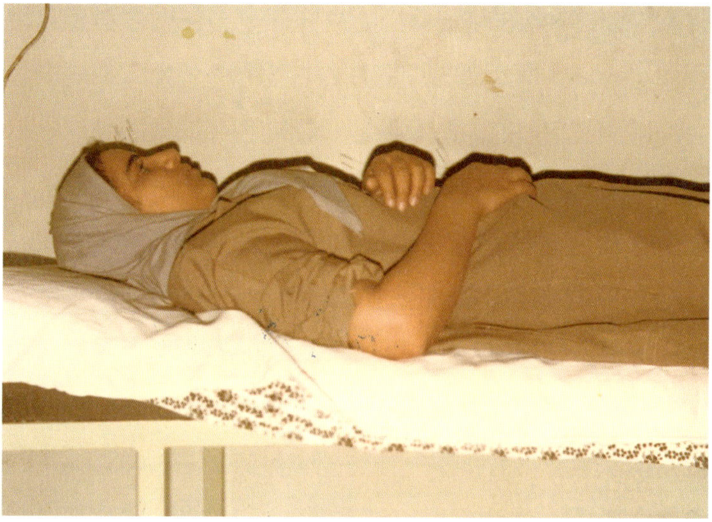

피부 미용을 위해 이란 여성이 얼굴에 침을 맞고 있다. 건조한 날씨로 이란 여성들은 건성 피부가 많다 (1981년 4월)

러 십 년은 젊어졌대요. 그래서 제가 거울 앞에서 유심히 얼굴을 살펴봤더니 정말로 잔주름이 많이 없어졌어요."

"그래요? 그거 정말 잘됐네요. 두통도 치료하고 주름살도 폈으니……."

"정말 이 은혜를 어떻게 갚아야 할지 모르겠어요."

얼굴을 찡그리며 들어섰던 그녀는 활짝 웃으며 돌아갔다. 나는 이내 그 일을 잊어버렸다. 그런데 며칠이 지나지 않아 수많은 이란 여성들로부터 정말로 잔주름을 펼 수 있느냐는 문의가 쇄도했다. 나는 일단 예약을 받아놓고 나름대로 피부를 팽팽하게 하는 데 필요한 경혈 몇 자리를 정리해놓았다.

테헤란은 위도상으로 보면 우리나라와 비슷한 위치에 있는 도시다. 그렇지만 단풍이 붉게 물들어 떨어지는 것이 아니라 말라서 떨어질 만큼 건조하다. 우리나라와 반대로 여름에는 비가 적고, 겨울에는 비가 많은 기후이기 때문이다. 특히 여름 날씨는 청바지를 빨아 정원에 널어놓고 15분만 지나면 다 마를 정도로 건조하다. 이러한 기후 때문에 이란 여성들은 건성 피부가 많다. 그래서 일정한 나이를 넘기면 얼굴에 잔주름이 급속도로 늘어나는 것이다.

주름살을 펴겠다고 몰려온 환자들은 대부분 정계와 재계 지도층 인사들의 부인이었다. 외국 물을 먹은 지식층이라 그런지 침으로 주름살을 펼 수 있다는 사실을 금세 인식했다. 주 고객은 삼십 대 여성에서 오십 대 여성까지 다양했다. 테헤란

이란 남부를 여행할 때 (1977년 5월)

에서는 한때 '얼굴 주름살 펴기'가 유행처럼 퍼져 나에게 진료를 받으려면 일 년을 기다려야 한다는 소문이 돌 정도였다.

나는 일단 환자가 오면 피부의 건성 정도부터 살폈다. 피부도 인체 내부의 영향을 받기 때문에 그 점을 유의해서 치료해야 한다.

일반적으로 여자가 화장을 하거나 예쁜 옷을 입으면 남자에게 잘 보이기 위한 것이라고 생각하는 경향이 있는데, 반드시 그런 것만은 아니다. 여자는 혼자 살아도 화장을 하고 예쁜 옷을 입는다. 왜냐하면 그게 바로 여자의 본능이기 때문이다. 이슬람 혁명으로 이란 여성들의 생활이 많이 통제된 것은 사실이다. 혁명으로 여성들은 외출 시 차도르를 쓰고 얼굴을 가려야 했지만, 주름살을 제거하기 위한 환자들의 행렬은 멈추지 않았다. 예뻐지고 싶은 여자의 마음은 혁명으로도 어찌할 수 없었다.

나는 이란에서 미용 침을 맞은 수많은 여성들에게 온갖 찬사를 다 들었지만, 한 여인이 어느 날 병원으로 들어오면서 외친 한마디 말을 아직도 잊지 못한다.

"선생님, 드디어 젊음이 제게 돌아왔어요!"

짧은 한마디에 불과했지만, 그 말을 듣는 순간 나는 그녀가 겪은 모진 상황을 어렵지 않게 짐작할뿐더러 그 속에 담긴 깊은 감사의 마음도 느낄 수 있었다.

이슬람 혁명의 거센 물결 속으로

1979년 2월. 제2차 세계 대전이 끝난 이후 최초의 시민 혁명으로 평가 받는 이슬람 혁명(1979년 2월 11일 팔레비 왕조를 무너뜨리고 이슬람원리주의에 입각한 이란이슬람공화국을 탄생시킨 혁명. 이란 혁명으로도 불림)은 전 세계의 이목을 이란으로 쏠리게 만들었다.

혁명의 날, 햇살은 유난히 눈부셨다. 당시 나는 테헤란 북쪽 산에 가까운 왕실 병원 타즈리시 메디컬 센터에서 일하고 있었다. 평상시와 다름없이 나는 아침에 택시를 불러 출근을 했다. 거리는 이상하리만큼 고요했다. 마치 폭풍 전야 같았다. 며칠 사이 이란 정국이 뒤숭숭했던 것과 달리 이날은 오히려 조용했다. 그때만 해도 나는 며칠째 계속된 소요가 세계 역사를 뒤바꾸는 시민 혁명으로 이어질지는 꿈에도 몰랐다. 크고 작은 시위가 계속되었지만, 그게 시민 혁명의 불을 댕기는 단초가 될지는 전혀 생각지 못했던 것이다. 오늘은 어떻게 환자를 치료할까 하는 생각으로 하루를 시작하는 건 내 오랜 습관이다. 그날도 나의 하루를 생각하며 병원으로 출근했다. 병원으로 가는 길은 평소보다 차가 훨씬 덜 막혔다.

'웬일이래. 오늘따라 차도 안 막히고, 기분 좋은 하루가 되겠군.'

그날따라 입에서는 콧노래가 흘러나왔다. 시내 분위기가 차분해서인지 내 기분도 평상시와는 사뭇 달랐다.

택시가 병원에 도착하자마자 나는 차에서 내려 평소처럼 진료실로 들어갔다. 그때 병원 분위기가 이상하게 돌아가는 것을 느꼈다. 베란다 쪽에 보이는 화염병도 괴이하고, 겉으로는 평온해 보였지만 분명 뭔가가 달랐다. 순간 나의 머릿속에 간호사 캬레미가 떠올랐다. 아주 오래전 그와 이야기를 나누던 중 그가 왕정 정치에 대해 신랄하게 비판하던 것이 생각났다. 캬레미는 오랜 시간 내 곁에서 진료를 도와주었던 사람이라 나는 아무 거리낌 없이 그를 불렀다.

"캬레미, 오늘따라 분위기가 이상한데 무슨 일 있어요? 환자도 별로 없고……."

"아니에요, 닥터 리, 너무 신경 쓰지 마세요. 요즘 시국이 하도 뒤숭숭해서 그런 것뿐이니까요. 저기 화염병도 너무 걱정하지 말아요. 별일 아닙니다."

캬레미는 나를 안심시켰다.

진료를 시작한 지 30여 분이 지났을까. 나는 진료에 필요한 침이 추가로 필요해 캬레미를 찾았다.

"캬레미, 어디 있어요? 캬레미! 이 친구 오늘 진짜 이상하네. 꼭 딴사람인 것처럼……."

잠시 후 그가 내 방문을 두드렸다.

"찾으셨다면서요? 닥터 리, 무슨 일로……."

이마에 땀이 송송 맺혀 있었다. 황급히 달려온 게 분명했다.

"무슨 일이라니요? 의사가 간호사를 찾는 게 특별한가요? 그리고 오늘 도대체 왜 그래요? 평상시와 다르게. 진료 시작한 지 얼마나 됐다고 자리를 비우고. 제가 꼭 이런 잔소리를 해야 하나요?"

"죄송합니다, 닥터 리. 그런데 조용히 드릴 말씀이 있는데요. 잠깐 저와 이야기 좀 하실래요?"

"무슨 일이에요? 지금 환자가 있는데 나중에 이야기하면 안 되나요?"

"아니요, 닥터 리, 급합니다. 조금만 시간을 내주세요. 이건 어쩌면 환자를 진료하는 것보다 닥터 리의 인생에서 더 중요한 일이 될지 모릅니다."

그는 나를 병원 구석으로 데리고 갔다. 평소 잘 오지 않던 공간이었다. 마치 주위에 누가 들으면 안 될 일을 알려주려는 듯 그는 구석으로 가서 나지막한 목소리로 이야기를 꺼냈다.

"닥터 리, 놀라지 마세요. 10시가 되면 시민들이 몰려나올 겁니다. 오늘 우리 이란에 중요한 일이 있습니다. 그러니 가급적 오늘 하루만큼은 안전한 곳에 있으세요. 그게 좋을 겁니다."

"아니, 갑자기 이상한 데로 데리고 와서 하는 소리가 중요한 일이 있을 거라니, 무슨 소리예요? 도대체 알아들을 수가 없네요. 좀 알아듣게 이야기해주세요."

항상 밝던 그의 얼굴이 어두워졌다.

"곧 혁명이 일어날 겁니다. 우리의 세계. 모두가 꿈꾸던 세상. 그걸 우리가 만드는 거죠. 어른이고 아이들이고 할 것 없이 손에 돌멩이든 몽둥이든 저마다 하나씩 무기를 들고 왕궁으로 향할 겁니다. 이놈의 썩어빠진 왕정을 몰아내고, 진정한 칼리프의 나라를 만드는 위대한 첫 시작이지요. 저는 단지 그걸 꿈꿀 뿐입니다, 닥터 리."

그는 혁명군에서 꽤 높은 위치에 있었다. 낮에는 병원에서 간호사로 근무했지만, 퇴근 후에는 혁명군에 가담하는 등 나름대로 신념을 갖고 활동했다. 나는 그가 완강하게 팔레비 체제에 적개심을 드러내는 데 적잖이 놀랐다. 당시 나는 이방인의 신분이었기에 그 나라의 정치, 경제, 사회, 문화 등에 대해 이러쿵저러쿵 이야기하는 것은 있을 수 없는 일이라 생각했다. 이런 이유로 나는 그가 팔레비 정부를 비판할 때마다 애써 외면했다. 그것이 내가 할 수 있는 유일한 일이었다.

그러나 이날만큼은 그의 말에서 힘이 느껴졌다. 그는 새로운 세계에 대한 열망으로 들떠 있었다. 반면에 나를 이란으로 이끄는 데 큰 역할을 한 팔레비 정부에 시민들은 이미 등을 돌린 상태였다. 내 기분은 착잡했다. 그와 나는 왕과 주치의 관계일 뿐 그 이상도 그 이하도 아니었지만 팔레비 정부가 있었기에 내가 책을 번역하고, 그로 인해 이란에 정착할 수 있었기 때문이다. 내가 본 팔레비 국왕은 민족주의자였다. 하지만 왕이라는 자리에서는 무소불위의 권력을 휘두를 수 있다고 생각한 그는 국민들의 기대와 달리 호화로운 생활을 이어갔다.

팔레비 왕조는 외세를 등에 업고 이슬람 세계의 현대화와 산업화를 부르짖었다. 하지만 당시 이란인들은 이슬람 세계가 서구 유럽처럼 급속도로 세속화되는 것을 원하지 않았다. 그들은 자신들의 전통, 즉 이슬람만의 세계를 지키고 싶어 했다.

오전 10시를 알리는 시계가 우렁차게 울렸다. 시간이 되자 기다렸다는 듯 시민들이 쏟아져 나왔다. 우선 몸부터 피해야 한다는 외래 진료 책임자의 말에 나는 집으로 가는 택시를 탔다. 성난 군중들이 나를 에워쌌지만, 나는 운전기사의 기개로 무사히 병원을 빠져나왔다. 몇 km쯤 떨어지자 지금까지 무슨 일이 있었냐는 듯 시가지는 다시 조용했다.

집으로 돌아온 나는 텔레비전부터 켰다. 텔레비전에서는 테헤란 시내 상황을 급박하게 전했다. 오후가 되자 슬픈 소식이 방송 전파를 탔다. 한 간호사가 병원 앞마당에서 "혁명군 만세"를 외치다 공수 부대원이 쏜 총에 맞아 숨졌다는 소식이었다.

혹시 캬레미? 순간 불안감이 엄습했다. 신원이 밝혀지지 않았지만 그의 죽음은 참으로 안타까웠다. 나는 마냥 집에만 머무를 수 없었다. 일단 정국이 불안한 틈을 타 병원에서 빠져나왔지만, 이대로 집에 머무는 것은 지금까지 나를 도와준 왕실 병원에 대한 예의가 아니었다. 나는 다시 택시를 잡아탔다.

"어디로 모실까요?"

"타즈리시 왕실 병원이오."

"손님, 거기는 못 갑니다. 지금 거기는 시위가 한창이라 자칫 큰 낭패를 볼 수 있습니다. 그러니 다른 차를 이용해보세요."

"그러지 마시고 최대한 가까이 가주세요. 병원까지 갈 수 없다면 그 근처에 내려주세요."

"손님, 외국인 신분으로 거리를 걸어 다니는 것은 위험해요. 그냥 집에 계시지요. 웬만하면 말입니다."

"걱정해주셔서 고마운데요, 그냥 그렇게 해주세요."

나는 그의 말을 애써 외면했다. 혼자만의 안위를 생각하며 집에 머무는 것은 지금까지 나를 도와준 병원에 씻을 수 없는 상처를 주는 일이라고 생각했다. 그래서 주변의 만류를 무릅쓰고 병원으로 향했다. 지금 생각해봐도 무모하지만 참 용기 있는 행동이었다.

운전기사는 병원에서 1km 정도 떨어진 지점에 나를 내려주고는 쏜살같이 사라졌다. 나는 성난 시위대 사이를 뚫고 병원으로 들어섰다. 내가 병원에 다시 나타나자 간호사들이 우르르 몰려왔다. 그중에는 캬레미도 있었다. 죽은 간호사가 그가 아니라 천만다행이었다.

"아니, 닥터 리, 도대체 왜 다시 돌아온 겁니까? 그렇게 어렵게 병원 문을 나섰는데요. 여기 들어오시면 앞으로 어떻게 될지 아무도 모른다고요."

"알아요, 캬레미, 당신이 걱정하는 게 뭔지 충분히 압니다. 하지만 지금 상황에서 집에 머무는 것도 쉬운 일은 아니에요."

나는 그에게 왜 돌아올 수밖에 없었는지 소상히 설명했다. 그 순간 총소리가 하늘에 울려 퍼졌다.

"탕탕탕탕!"

여기저기서 총소리가 들려왔고 잠시 후 환자들이 물밀듯이 쏟아져 들어왔다. 하지만 병원 내 의사들은 아무도 없었다. 이미 동료 의사들은 어디로 갔는지 보이지 않았다. 보조 의사들과 간호사들만이 피 흘리는 시민군을 치료하기 위해 동분서주할 뿐이었다. 나는 진료를 예약했던 환자들을 기다리다가 이 장면을 목격하고는 가만히 있을 수가 없었다. 총상 환자를 두고 구경만 할 수는 없지 않은가? 그래서 자청해서 소매를 걷고 나섰다.

"수혈을 해야 하는데 피가 부족해요. 무슨 좋은 생각이 없을까요? 모두들 생각해보세요."

여자 간호사가 발을 동동 구르자 모두들 묘안을 짜내기 시작했다. 그때 누군가가 "그러지 말고 방송국에 연락해봅시다. 방송국에 피가 부족하다고 얘기하면 어떨까요?"라고 대답했다.

누군가의 아이디어로 우리는 방송국에 전화를 걸어 병원에 피가 부족하다고 호소했다. 시민들의 헌혈이 필요하다는 우리의 제안은 전파를 타고 테헤란 전 시내로 퍼졌다. 얼마 뒤 라디오에서는 병원마다 피가 부족하다는 아나운서의 절박한 음성이 흘러나왔다. 그리고 아나운서의 호소가 흘러나온 지 얼마 되지 않아 병원에는 헌혈을 해주겠다는 시민들이 우르르 몰려들었다.

하지만 총상 환자들은 계속해 들이닥쳤다. 병원에서 여분으로 보유하고 있던 의약품마저 바닥이 나기 시작했다. 환자들의 상처 부위를 소독하고 붕대로 감아야 하는데, 당시 우리가 보유하고 있던 의약품은 절대적으로 부족했다. 고통을 호소하는 환자들을 그냥 바라봐야 하는 의료인의 심정을 한 번이라도 생각해본 적이 있는지……. 내 심정은 절박감 그 자체였다. 참다못해 누군가가 곁에서 소리쳤다.

"환자가 죽어가고 있어요! 어떻게든 손을 써보세요!"

환자를 데리고 온 가족이나 친척들이 팔에 매달리며 애원했지만 의약품이 없으니 나로서도 어쩔 수가 없었다. 누군가는 내의를 찢어 임시방편으로 조치를 취했지만 그것도 그때뿐이었다.

"큰일이네. 이러다 부지기수로 사람들이 죽겠는데, 무슨 방법 없어요? 모두들 주변 지인들에게 도움이라도 청해봅시다.

지금으로선 모든 방법을 다 동원해야 해요."

병원에 붕대와 솜이 부족하다는 외침은 테헤란 시내 전역으로 퍼져나갔다.

때마침 의약품들이 속속 도착하기 시작했다. 시내 약국을 다 턴 것도 아니고 그 많은 의약품이 순간 어디서 왔는지 도저히 알 수가 없었다.

"아니, 이게 다 어디서 난 거예요?"

나는 지나가는 캬레미를 붙잡고 물었다. 그러자 그는 빙그레 웃으며 나를 병원 앞마당으로 데리고 갔다. 놀랍게도 그곳에는 새하얀 솜과 붕대가 수북이 쌓여 있었다. 소식을 들은 시민들이 가정마다 구급용으로 보관하던 의약품을 들고 나와 병원 앞마당에 가져다 놓은 것이다. 병원 관계자들이 부지런히 뛰어다니며 병원 마당을 뒤덮을 정도로 쌓인 솜과 붕대를 날랐지만 울타리 밖에서 시민들이 던지는 붕대와 솜을 감당할 수는 없었다. 마치 함박눈처럼 수많은 붕대와 솜이 병원 앞마당에 푸근히 내려앉았다. 지금까지 내가 본 어떤 눈보다도 아름답고 낭만적인 장관이 아니었나 싶다.

"닥터 리, 이게 바로 우리 이란 사람들의 정신입니다. 오늘 혁명도 바로 이런 정신에서 나온 거죠. 우리는 대업을 위해서라면 자신을 희생하는 것에 대해 전혀 부담을 갖지 않습니다. 자! 어떻습니까? 우리의 이 정신이!"

그러는 사이 시계는 오후 3시를 가리켰다. 만약 정상적으로 병원 일을 했더라면, 나는 지금쯤 퇴근했어야 했다. 하지만 전쟁터를 방불케 할 정도로 수많은 환자들이 밀려드는 아수라장을 뒤로하고 퇴근할 수는 없는 노릇이었다. 더군다나 시간이 갈수록 환자들은 계속해서 더 밀려들었다.

밖을 내다보니 군중들은 흥분할 대로 흥분한 상태였다. 좀 전에도 병원 밖을 나서다가 봉변당할 뻔했는데, 지금은 상황이 더 심각해 보였다.

"닥터 리, 그만 돌아가셔도 됩니다. 여기 상황은 이제 저희가 처리할 테니까요."

외래 병동 책임자는 나를 보며 집으로 돌아가라는 말을 수차례 반복했다.

"지금 상황이 그리 좋지 못합니다. 왕실에 분노한 사람들이 주치의인 당신까지 공격하지 말란 법은 없지요. 다른 의사들은 모두 집으로 돌아간 상태입니다. 지금까지 당신이 보여준 헌신에 우리 모두 깊이 감동했습니다. 그것으로 충분합니다. 이제는 돌아가셔도 됩니다, 닥터 리."

책임자는 내가 병원에서 무슨 봉변이라도 당할까 봐 걱정스러운 얼굴로 나를 설득했다. 분노한 성난 군중을 감안하면 충분히 예상할 수 있는 시나리오였기에 나는 그의 말을 이해할 수 있었다.

"당신 말은 충분히 이해합니다. 하지만 제 업무 시간은 오후 3시까지입니다. 예약 환자가 있는데, 어떻게 환자들과 한 약

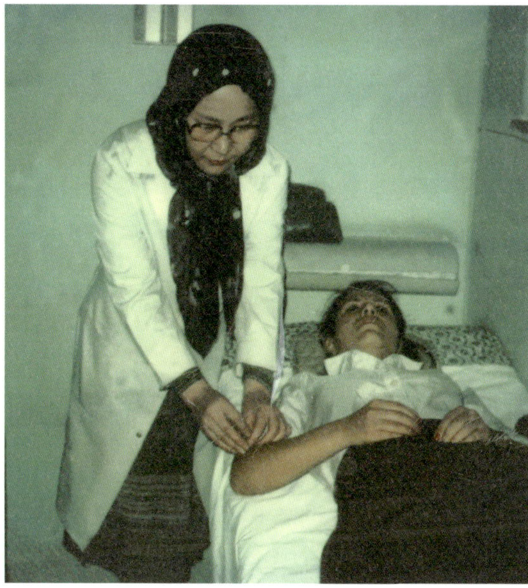

이란 시민 혁명 후에는
병원에서 루싸리를 쓰고 환자를 진료했다 (1981년 6월)

속을 어기고 집으로 가겠어요? 아까는 상황이 심각하다 보니 집으로 몸을 피했지만, 저 혼자 집에 있는 것도 말처럼 쉬운 일이 아니더군요. 더군다나 지금 이곳에는 환자들이 속출하고 있지 않습니까? 제 담당 환자들은 아니지만, 의료인의 한 명으로서 환자를 보고도 모른 척할 수는 없지요."

그러자 그는 나를 애처로운 눈으로 바라보며 설명했다.

"아무리 그래도 지금은 특수한 상황 아닙니까? 당신은 우리 병원의 유일한 외국인 의사입니다. 만에 하나 당신에게 곤란한 일이 생기면 저 역시 곤란해집니다. 아시겠습니까?"

막무가내인 그의 말에 나의 생각을 꺾을 수밖에 없었다. 나는 오전처럼 택시를 타고 집으로 가는 방법을 선택했다. 출퇴근할 때마다 이용하는 회사에 전화를 거니 지금 상황이 심각해 병원까지 갈 차량이 있을지 모르겠다는 대답이 돌아왔다. 하지만 평소 이용하던 정기 고객이니만큼 회사 차원에서도 최대한 방법을 마련하겠다고 했다.

그로부터 20여 분 후 전화가 걸려왔다.

"닥터 리시지요? 마침 택시 한 대가 준비됐습니다. 일반 손님 같았으면 절대 그러지 못했을 겁니다. 그만큼 중요한 단골 고객이시니, 저희가 최선을 다해 댁까지 안전하게 모셔드리겠습니다. 조만간 택시 한 대를 보내드릴 테니 병원 입구에서 기다리고 계십시오."

옷을 갈아입고 차가 도착하는 시간에 맞춰 병원 현관으로 향했다.

"이제 가시는군요. 닥터 리, 오늘 정말 고생 많으셨습니다. 그러니 왜 다시 돌아오셨어요? 집에서 계시지."

캬레미가 가방과 가운을 들고 내 뒤를 따라왔다. 그는 누군가가 물어보면 왕진 간다고 말하라고 신신당부했다.

"저도 집에서 그냥 있으려고 했어요. 상황을 보니 그게 그렇게 쉽지 않더라고요. 그래서 왔지요 뭐. 생각해보면 병원으로 다시 오길 잘한 거 같아요. 오늘은 내 인생에서 정말 잊지 못할 날이에요. 이렇게 많은 일을 경험했으니……."

"닥터 리가 보여준 헌신은 보는 이 모두를 감동시키기에 충분했습니다. 이제 당신의 역할은 끝났어요. 이것으로 충분합니다. 돌아가서 쉬세요. 나머지는 저희가 다 알아서 하겠습니다. 그리고 오늘은 닥터 리에게만 의미가 있는 날이 아니라 우리 이란에도 의미 있는 날이 되어야 해요. 그것이 이 혁명의 참뜻이 아니겠습니까? 저토록 수많은 이들이 피를 흘려가며 거리에서 외치고 있는 것도 새로운 세상을 만들기 위해서가 아니겠습니까?"

"고마워요, 캬레미. 몸조심해야 해요. 그래야 또 볼 거 아니겠어요?"

평소 같으면 30분 내에 도착할 택시가 1시간이 넘도록 올 기미가 보이지 않았다. 또 그렇게 30분이 흘러갔다. 멀리서 택시 기사로 보이는 한 사람이 건물 정문으로 들어왔다. 내가 매일 이용하던 택시 회사의 기사였다.

"손님, 정말 죄송합니다. 시위대를 뚫고 여기까지 오기가 엄청 힘들었어요. 그래도 회사에서 꼭 가야 한다고 하기에 위험을 무릅쓰고 왔습니다. 그건 믿어주셔야 합니다."

헐떡이는 숨을 고르며 그는 자신이 어떻게 여기까지 왔는지 자세히 설명했다.

나는 한 손에 진료 가방을 들고는 손에 저마다 무기를 들고 서 있는 시위대를 향해 걸어갔다. 등줄기에 식은땀이 흐르고 손에는 진땀이 났지만 애써 미소를 띠며 발걸음을 옮겼다.

이란 사회에서 의사는 존경을 한 몸에 받는 직업이었다. 그날도 상황은 급박하게 돌아가고 군중은 모두가 매우 흥분한 상태였지만, 그 와중에도 내가 의사임을 알아보고 눈인사를 하는 사람들도 있었다.

젊은 운전기사들이 모두 시위에 동참해서였는지 이날 나를 안내한 기사는 칠십 노인이었다. 노인은 내 손을 꼭 잡더니 택시를 세워놓은 장소로 향했다. 병원 밖은 안에서 보는 것보다 상황이 심각했다. 분노한 시민들로 거리가 가득 찼다. 노인은 특유의 조심성과 경계심을 늦추지 않으며 한 걸음 한 걸음 천천히 앞으로 나아갔다.

"지금 응급 환자를 진찰하러 가는 것이니 길을 비켜주세요."

그의 말에서 진실성을 느낀 시위대는 나에게 길을 내주었다. 두 번째 나의 병원 탈출은 생각보다 쉽게 끝났다. 큰길 쪽에 세워둔 택시에 가까스로 도착해보니 차량 보닛 위에 시민들이 올라가 있었다. 노인은 다시 한 번 그들에게 혁명군을 치료하러 가는 길이니 비켜달라고 애원했다. 그러자 시민들은 별말 없이 차에서 내려와 길을 터주었다. 나는 택시에 올라탔다. 택시 안으로 들어가자 순간 긴장이 풀리며 조금 숨통이 트였다. 노인은 사이렌을 울리며 혁명의 열기로 가득 찬 시가지를 조심스럽게 내달렸다.

내가 살고 있는 지역은 테헤란 시 북쪽이었다. 북쪽 지역에는 왕궁과 대저택들이 있고, 남쪽에는 주요 관공서와 경찰서, 군부대, 전통 시장 등이 있었다. 집으로 가까이 갈수록 총소리가 더 요란하게 들렸다. 집에 도착해 시계를 보니 다섯 시가 넘어 있었다.

"정원사는 어디 있는 거예요?"

그들은 모두 시위에 참가하기 위해 거리로 뛰쳐나간 상태였다. 다른 교민들의 안부가 걱정이 된 나는 대사관에 전화를 걸었다. 대사관에서는 그렇지 않아도 나를 찾고 있었다며, 별도 연락이 있을 때까지 집에서 꼼짝하지 말라고 신신당부했다.

"알겠습니다. 병원에서도 당분간 출근하지 말라고 하니 집에서 한 발자국도 나가지 않을게요. 대신 무슨 일이 터지면 바로 연락 부탁드리겠습니다."

수화기를 내려놓고 나는 테라스로 나갔다. 어둠이 내리기 시작한 테헤란 거리는 여전히 시민들의 열기로 가득했다.

테헤란의 자택 정원에서 (1981년 4월)

당시 내가 살던 집은 2,000평 규모의 저택이었다. 물론 어느 사람들의 집보다 컸지만 이날만큼은 20만 평이 넘는 대저택처럼 느껴졌다. 넓은 집에 혼자 덩그러니 있으려니 전에는 한 번도 느껴보지 못한 공포가 엄습했다. 지금까지 이란에서 살면서 처음 느껴보는 공포였다. 그만큼 당시 상황은 심각했다. 주변 지인들에게 전화를 걸어보니 상당수가 챙길 수 있는 것만 챙겨 인근 나라로 대피한 상태였다. 이런 상황에 혼자 이란에 남아 있는 것은 참 대단한 일이다. 그때는 왜 그리도 당당했는지 모르겠다. 젊고 열정이 있기에 가능했을까?

남자들도 있기 힘든 이란에서 여자의 몸으로 살아간다는 것은 이처럼 용기가 있어야 가능했다. 더군다나 그날은 역사에 길이 남을 혁명일이 아니었던가? 테라스에 서서 나는 오늘 하루 있었던 일을 생각해보았다. 집 밖에서 들려오는, 썩을 대로 썩어빠진 왕정을 무너뜨리기 위한 시위대의 함성이 내 귀에는 전혀 이상하게 들리지 않았다. 무서움보다 열정이 먼저 내 가슴에 다가온 것은 왜일까? 젊어서였을까? 지금 생각해도 그때의 내 감정을 잘 모르겠다.

하지만 내가 서 있던 곳은 혁명의 도가니였다. 곳곳에 위험이 도사리고 있는 상황이었다. 이제부터 어떻게 해야 할지 판단이 서지 않았다. 내가 할 수 있는 일이라고는 왕궁 쪽에서 들려오는 총소리에 귀를 기울이는 일뿐이었다.

시간이 얼마나 지났을까? 총소리는 점차 수그러들었다. 라디오를 켜보니 왕궁이 시민 혁명군에 의해 점령당했다는 소식이 흘러나왔다. 팔레비 국왕은 혁명 1개월쯤 전에 이미 이란을 떠난 터였다.

여러 가지 생각이 내 머릿속에서 한데 뒤섞이는 사이 총소리는 차츰 가라앉았다. 몇 분이 지났을까? 총소리는 거의 들리지 않았다. 총소리가 멎은 거리는 고요했다. 북쪽에서 거대한 함성을 자아내던 시민 혁명군이 이제는 남쪽으로 몰려간 것일까? 거리도 한산했다. 마치 핵전쟁이라도 일어나 지구에 홀로 남은 듯한 기분이 들었다. 숨 막히도록 고요한 거리를 한동안 바라보고 있으니 또다시 '나는 왜 여기 있는 것일까?'라는 생각이 들었다.

나는 흔들의자에 몸을 실었다. 흔들거리는 의자에 몸을 맡기자 순간 무엇인가가 머릿속을 확 휩쓸고 지나갔다. 잔잔하던 머릿속에 격랑이 일었다. 내가 지금까지 살아온 인생이 바로 혁명의 도가니가 아니었던가? 인생을 바꿔보려고 부단히도 노력했던 지난날의 내 모습과 오늘 본 이슬람 시민 혁명군의 모습이 겹쳤다. 너무나 잘 맞았다. 제짝을 찾은 듯했다. 내가 위험을 무릅쓰고 병원으로 달려가 수많은 환자들의 수발을 들며 그들의 아픔을 치료하고자 했던 것도 그런 이유 때문이었으리라.

역사의 도시 테헤란은 세계사에서 엄청난 에너지를 만들어 냈다. 그리고 지난 이슬람 혁명 기간 중 내가 본 테헤란의 모습도 그랬다. 단지 잠시 머물 줄 알았던 이란에서의 생활이 십여 년 이상 지속된 것은 이러한 이란의 역동성 때문이었을 것이다. 이는 내가 이란을 사랑한 이유이기도 하다.

중동의 패권국, 아랍의 맹주국 등 이란을 부르는 칭호는 나에게 그다지 가슴에 와 닿지 않는다. 그보다는 역동의 나라라는 표현이 더 정겹다. 그리고 내가 이란에서 살아가는 동안 가장 많이 느낀 것이 역동성이었다. 십 년보다 길게 느껴졌던 혁명일. 나는 고된 하루를 마감하며 혼자 쓸쓸히 테라스에 앉아 따뜻한 차 한잔을 마셨다. 거사를 끝마치고 환희에 가득 찬 이란인들과 달리 나는 평정심을 찾기 위해 조용히 나 자신을 성찰하는 시간을 가졌다.

혁명일 이후 병원은 며칠 문을 닫았다. 거리는 재빨리 정상을 되찾아갔다. 거리로 뛰쳐나갔던 정원사가 집으로 돌아오고, 모든 일상이 빠르게 안정을 되찾아갔다.

제 3 장

굴지의 기업가로 우뚝 서다 한의사가

이란에서 만난 소중한 인연들

나는 이란에서 많은 유명 인사들을 만났다. 그중에서도 잊을 수 없는 사람은 라프산자니(Akbar Hashemi Rafsanjani, 1934~2017) 전 이란 대통령(재임 1989~1997)이다. 그의 본명은 악바르 하셰미 라프산자니로 내가 그를 알게 된 것은 1979년 겨울 시민 혁명 직후였다.

그날따라 햇살이 무척이나 따스했다. 이슬람 공화국이 세워진 후 시민들의 일상은 빠르게 정상을 되찾아갔다. 내가 일하고 있던 병원도 마찬가지였다. 사람들로 북적거렸고, 나는 언제나 그렇듯 환자와 환자 사이를 오가며 정신없이 시간을 보냈다. 그러던 어느 날 진료를 끝마치고 창밖을 내다보다가 외래 병동 건너편에 있는 국왕 전용 입원실에 불이 켜진 것을 보았다. 팔레비 국왕이 축출된 이후 이곳은 혁명 정부의 최고위

층만 이용할 수 있는 곳으로 바뀌었다.

'오늘따라 사람들의 왕래도 빈번하고, 어딘지 모르게 병원 전체가 어수선하네. 무슨 일이지? 저 병실에 불이 켜진 걸 보니 누군가 중요한 사람이 와 있는 것 같은데…….'

급한 마음에 나는 간호사를 불렀다. 캬레미는 혁명 정부가 출범한 후 높은 자리로 옮길 수도 있었지만, 일상으로 돌아가고 싶다는 뜻을 전한 뒤 다시 나와 함께 병원에서 근무하게 되었다.

"캬레미, 저 병실에 왜 불이 켜져 있죠? 오늘따라 병원 분위기도 이상하고, 무슨 일 있어요?"

캬레미는 내 얼굴을 똑바로 쳐다보고는 피식 웃었다. 어이가 없다는 뜻 같았다.

"닥터 리, 정말 모르시는 거예요? 오늘 병원에 한바탕 난리가 났는데, 저는 당연히 아실 거라고 생각했어요. 정말 모르세요? 설마 시치미를 뚝 떼시는 건 아니지요?"

"지금 장난하는 거 아니에요. 잘 알겠지만, 내가 이런 걸로 장난치는 사람인가요? 그러니 얼른 말해요. 무슨 일이에요?"

"하여튼 닥터 리는 환자 치료에 정신이 팔리면 옆에서 누가 뭘 해도 관심이 없으시니……. 오늘 병원에 라프산자니 님이 오셨잖아요. 암살범에게 저격당해 지금 치료 받고 계신단 말이에요. 그걸로 온 이란이 시끌벅적한데……."

그는 흥분된 목소리로 말했다. 어떻게 모를 수가 있느냐는 듯 약간 짜증 섞인 말투였다. 외국인이다 보니 아무래도 이란 정치에 대해서는 별로 관심이 없었던 나는 그에게 되물었다.

"라프산자니? 라프산자니 님이 누구……?"

내 말에 그가 뒤로 벌러덩 넘어지는 자세를 취했다. 그러고는 정말 어이가 없다는 듯 잠시 고개를 먼 곳으로 향했다.

"정말 라프산자니 님을 모른다는 말이에요? 정말 몰라요? 닥터 리도 신문, 방송 보시잖아요. 그런데도 몰라요?"

"미안해요. 모를 수도 있지요 뭐. 모르는 건 죄가 아니니 누군지 말해줘요, 캬레미."

"모르신다니, 뭐 어쩔 수 없지요. 그분은 말입니다, 호메이니 옹의 오른팔이에요. 호메이니 옹은 아시지요?"

"그럼 알지요. 호메이니 옹이야 너무나 유명한 분이니까. 그분 오른팔과 같은 분이라고요?"

"네, 팔레비 왕정 때 사상범으로 투옥되었다가 이번 혁명 직후에 풀려나셨어요. 출감한 뒤로 이란 전역을 돌아다니며 강연과 연설을 하시다 며칠 전 집에서 저격을 당하셨나 봐요. 부디 빨리 나으셔야 해요. 그분은 앞으로 우리 이란을 위해 큰일을 하실 분이거든요."

캬레미는 묻지도 않았는데, 라프산자니가 오늘의 자리에 오르기까지 어떤 역경을 이겨냈는지 자세히 설명했다. 캬레미에게 십여 분간 설명을 듣다 보니 그가 어떤 사람인지 궁금했다. 캬레미의 예상대로 라프산자니는 훗날 내무부장관 서리를 맡아 대통령 선거와 국회의원 선거를 진두지휘했다. 그리고 그 선거에서 국회의원으로 선출되어 혁명 정부 초대 국회의장 자리에 올랐다. 이후 줄곧 국회의장 자리에 있던 그는 1989년 이란 대통령으로 당선돼 1997년까지 재임했다. 한마디로 이란 현대사의 산증인이라 할 수 있다.

팔레비 왕정 때 온갖 고초를 겪었다는 라프산자니. 당시 나는 외국인인 관계로 어떠한 정치적 견해도 내서는 안 되었다. 그런 면에서 나는 팔레비 편도, 호메이니 옹 편도 아니었다. 다만 인간 대 인간, 환자 대 의사로 라프산자니를 만나고 싶었다. 나는 우리 병동 간호사를 보내 문병을 가도 좋은지 물어보았다. 잠시 뒤 내 심부름차 왕실 병동에 갔던 간호사가 돌아왔다.

"라프산자니 님은 닥터 리가 북한 사람인지, 남한 사람인지를 물으셨어요. 제가 잘 모르겠다고 대답하자 남한 사람이면 와도 좋다고 말씀하셨어요. 닥터 리, 어느 쪽 사람이죠?"

"당연히 남한이지요. 남쪽, 자유민주주의 국가 대한민국. 북한이 다른 나라로 의사를 보내다뇨? 꿈도 못 꿀 일이지."

"네, 저도 그렇게 생각해 남한이라고 말씀은 드렸습니다."

아무래도 빈손으로 문병을 가기가 어색해 나는 꽃을 사 들고 병실을 찾아갔다. 이란 최고위층 인사 병실 주변에는 경호원들이 이중 삼중으로 경호하고 있었다. 그들은 내게 꽃은 자신들이 전해줄 테니 밖에 놔두고 몸만 들어가라고 말했다.

병실 안으로 들어가자 커다란 창문이 눈에 들어왔다. 그 방은 예전에 국왕이 입원하면 창문을 통해 왕을 알현할 수 있도록 하기 위해 특별히 설계된 곳이었다. 방탄유리로 된 창문 너머로 라프산자니가 누워 있었다. 침대가 있는 곳까지 들어갈 수 있는 사람은 담당 의사와 가까운 가족뿐이었다. 그 외의 사람은 경호상 이유로 출입이 철저히 차단되었다.

의사인 나는 침대가 있는 곳까지 들어갈 수 있도록 허락 받았다. 유리 병실 안으로 들어가자 병상에 누워 있는 사십 대 중반의 남성이 눈에 들어왔다. 그리고 입원실 안쪽 의자에는 검은 차도르를 쓴 여성이 앉아 있었다. 여인의 눈이 유난히 반짝이고 총명해 보였다. 지금도 그 눈을 똑똑히 기억할 정도다. 그 여인이 바로 라프산자니의 아내 하셰미 여사였다.

라프산자니는 여느 이란 사람과는 달라 보였다. 얼굴에서 풍기는 분위기가 한국 사람과 비슷했다. 피부색도 이란 사람치고는 그다지 까무잡잡하지 않았다. 키는 작은 편이었지만 온화하고 인자한 분위기가 몸 전체에 흘렀다. 그러면서도 어딘가 모르게 강직한 인상을 풍기는, 영혼이 깨끗한 사람 같았다. 나는 이란어를 조금 할 줄 알았고 그 역시 영어를 조금 할 줄 알아 그런대로 간단한 의사소통이 가능했다.

"안녕하십니까? 닥터 리. 저를 만나고 싶어 했다는 말씀을 들었습니다."

"안녕하세요, 라프산자니 님. 혁명 영웅을 이렇게 가까이서 뵈니 영광입니다."

"감사합니다, 닥터 리."

내가 반갑게 인사하자 그가 미소를 지으며 화답했다. 그는 확실히 사람을 편안하게 만드는 미소를 가진 사람이었다.

"저는 한의학을 공부한 의사입니다. 실례가 되지 않는다면 라프산자니 님의 현재 상태를 좀 살펴봐도 될까요?"

"그럼요, 그러시라고 부른 겁니다."

가까이 다가가 맥을 짚어보았다. 맥에서 몸속 염증이 아직 가시지 않은 듯한 느낌이 들었다. 이불을 들추니 상처 부위에 거즈가 붙어 있었다.

"암살범들이 집에 들이닥쳤는데, 한 명은 밖에 있고 다른 한 명이 들어와서는 주머니에서 뭔가를 빼내더군요. 순간 저건 분명 총일 것이다 생각했어요. 그래서 그냥 그 사람에게 덤벼들었지요. 꽤 오랫동안 몸싸움을 했는데, 그때 총알이 스친 것 같아요. 심하지는 않습니다. 다 나았어요. 제가 명이 긴 편이라 다 나았어요, 다 나았어."

그가 웃음을 띠며 말했다.

"라프산자니 님, 천만다행입니다. 제 소견으로도 금방 나으실 수 있을 것 같네요. 그런데 염증이 아직 가시지 않았으니 조심하셔야 합니다."

"그거야 총알이 여기를 이렇게 스치고 지나갔으니까요. 어쨌든 걱정해주셔서 감사합니다. 당신은 남한 사람이라고 들었는데, 남한 어디서 왔습니까?"

"서울입니다."

"아! 서울. 남한의 수도 서울에서 오셨군요. 감옥에서 남한에 관한 책을 읽은 적이 있어 웬만한 도시는 압니다. 한국은 물적 자원이 풍부하지는 않지만 우수한 인력이 많다고 들었습니다. 그리고 사람들이 굉장히 부지런하다고 하던데, 사실인가요?"

"네, 그렇습니다. 한국에 대해 좋은 인상을 갖고 계시니 저도 기쁘네요."

"기후와 풍습이 다른 곳에 와서 고생이 많으십니다. 그러고 보니 우리 이란에서 근무하는 한국인들이 꽤 되지요? 이란에서 지내시기는 어떻습니까?"

"평생 환자를 진료하고 살아 그리 큰 어려움은 없습니다. 오전에는 주로 침 치료를 하면서 환자를 돌보고 있지요. 종종 신경외과 의사들과 회의를 하기도 합니다."

"대단하시네요. 그럼 퇴근 이후에는 주로 어떻게 시간을 보내시나요?"

그는 대단히 섬세한 성격의 소유자였다. 처음 만나는 사람에게 이것저것 꼬치꼬치 캐묻는 것만 봐도 그런 성격을 쉽게 알 수 있었다. 보통 사람 같으면 "그러세요?"라고 말하고는 다른 화제로 넘어갔을 텐데 그는 절대 그러지 않았다. 질문 하나하나에 빈틈이 없어 보였다.

"오후 시간에는 건설 회사 관련 일을 하고 있습니다."

흥미롭다는 듯 그가 몸을 조금 더 곧추세우고 물었다.

"건설 회사요? 닥터 리가 말입니까?"

라프산자니는 의외라는 듯 눈을 크게 뜨고 나를 쳐다보았다. 나는 오전 진료를 끝마치고 나면 오후에는 내가 세운 건설 회사에서 일을 했다.

"네, 제가 건설 회사를 하나 차렸거든요. 고압선 가설 공사를 하는데, 진척 사항을 점검할 겸 해서 매일 출근합니다."

"아! 그래요? 요즘도 공사를 계속하고 있나요?"

이란은 의사들의 근무 시간이 우리나라보다 훨씬 적어 부업을 겸하는 의사들이 많았다. 나도 이란에서 우연히 건설업을 하던 지인을 만나 건설 회사를 차렸다. 건설 회사를 경영하고 있다고 말하자 그가 몹시 반가운 표정을 지으며 말했다. 나를 의사가 아닌 기업가로 대하기가 더 편해서 그랬던 것일까.

"그렇습니다. 앞으로 이삼 년 이상은 더 해야 공사가 끝날 것 같습니다."

"고맙습니다, 닥터 리. 힘드시겠지만 열심히 우리 이란을 위해 일해주십시오. 물론 닥터 리와 남한을 위한 일이기도 하지만요."

라프산자니와의 만남은 그렇게 끝났다. 그는 내 진단대로 상처가 깊지 않아 얼마 안 가서 퇴원했다. 그와의 만남을 까맣게 잊고 있었는데, 몇 개월이 지나 전화 한 통이 걸려왔다.

"여보세요. 닥터 리 좀 연결해주세요."

"제가 닥터 리입니다. 누구시지요?"

"여기 내무부입니다."

"내무부요?"

내 업무의 특성상 보건사회부에서 연락이 오면 몰라도 내무부에서 전화가 올 일은 없었다.

'이상한 일이네. 내가 외국인 신분이니 외교부에서 연락을 해올 수는 있지만 내무부라니! 이 나라 내무부에 아는 사람이 하나도 없는데.'

아무리 생각해도 이상한 일이었다.

"글쎄요, 내무부에서 왜 저를 찾으시지요?"

"잠깐만 기다리세요. 닥터 리를 찾으시는 분이 있으니 전화를 바꿔드리겠습니다."

고개를 갸웃거리며 수화기를 들고 있는데 반대편에서 "여보세요" 하고 점잖은 중년이 말을 걸어왔다. 언젠가 한번은 들어본 목소리였다. 기억을 더듬고 있는데, 그가 먼저 자신을 밝혔다.

"안녕하십니까! 닥터 리. 저를 기억하실지 모르겠네요. 얼마 전 병원에서 만난 라프산자니입니다. 기억하시지요?"

그랬다. 내무부에서 나를 찾은 사람은 바로 라프산자니였다. 공직에 나섰다는 소리는 들었지만 실제로 나를 찾을지는 꿈에도 몰랐다.

"아! 라프산자니 님, 안녕하세요. 정말 몰랐습니다. 치료가 잘되어 퇴원하셨다는 소식은 들었습니다만, 내무부에서 근무하시는 줄은 몰랐네요."

첫인상이 무척 좋았던 터라 나는 순간 너무나 편하게 그를 대했다. 마치 친구처럼 말이다.

"네, 지금은 내무부장관 서리를 맡고 있습니다. 나랏일을 하니 저도 정신이 없었습니다. 제가 일찍 인사를 드렸어야 하는데, 인사가 늦어 죄송합니다."

이란 사람들은 전화를 걸면 용건을 꺼내기 전에 한참 동안 근황을 물으며 이야기를 주고받는다. 아주 친한 사이라면 인사말로 십여 분을 보낸다. 그런 다음 천천히 자신이 전화를 건 용건을 말하는 것이 관례다. 반갑게 이야기를 주고받던 그가 갑자기 목소리를 낮게 깔았다.

"닥터 리, 오늘 전화를 건 이유는 다른 데 있어요. 잠깐 저하고 통화할 시간이 있으신가요?"

"네, 그럼요. 제가 아는 게 있다면 다 말씀드릴게요. 무슨 일이시지요?"

"실은 아내가 몸이 좋지 않습니다. 의사한테 여러 번 치료를 받았는데도 차도가 없어 이렇게 전화를 드린 겁니다. 바쁘시겠지만 언제 시간을 내어 진찰해주십사 부탁드려도 되겠습니까?"

그는 나에게 정중히 진료를 부탁했다. 나는 스케줄이 적힌 수첩을 들여다보았다.

"근무 시간에는 예약 환자가 많아서 힘들지만, 저녁 시간이라면 가능할 것 같습니다. 언제가 편하시지요?"

"그렇습니까? 다행이네요. 그럼 제가 저녁때 댁으로 차를 보내드리겠습니다. 그 차로 오세요."

"아니에요, 차는 필요 없습니다. 괜히 높으신 장관님 차를 타고 가다가 이국땅에서 무슨 일이라도 당하면 어떡하나요? 그냥 주소만 알려주시면 제가 알아서 찾아가도록 하겠습니다."

당시 이란 정국은 혁명 후라 어수선하고 혼란스러웠다. 정부 고위 관계자 차량이 난데없이 테러를 당하는 일도 종종 발생했다. 라프산자니 전 대통령과 내가 만나게 된 것도 그가 테러를 당했기 때문이 아닌가.

하지만 이날 내가 한 말은 악의 없는 농담이었다. 그처럼 그와의 대화는 처음부터 잘 풀려나갔다. 그도 내가 자신에게 나쁜 감정을 갖고 그런 이야기를 했다고 생각하지는 않는 눈치였다. 사실 나로서는 다른 사람의 호의를 아무 생각 없이 받아들이는 것 자체가 부담스러웠을 뿐이다. 그때 내 생각이 그랬다. 치료를 목적으로 남의 호의를 선뜻 받아들이는 것을 극도로 꺼려했다. 아무리 이란의 실력자라고 할지라도 원칙을 저버리는 일을 해서는 안 된다고 생각했다.

그는 껄껄 웃으며 집 주소를 말했다. 물론 이 역시 그가 나를 믿기 때문이라고 할 수 있다. 정부 고위 관료가 자신의 거

처를 선뜻 알려주는 것은 지금의 관례로도 쉬운 일은 아니다.

그날 오후 5시경, 나는 주소가 적힌 종이를 들고는 무작정 그의 집을 찾아갔다. 라프산자니 전 대통령은 '가보'라고 하는 예복에 터번까지 두른 정장 차림으로 나를 맞았다.

"어서 오세요, 닥터 리. 오시는 길에 어려움은 없었습니까? 이쪽이 제 아내입니다."

나는 곧바로 하셰미 여사와 인사를 하고 진찰을 시작했다.

"우선 진찰부터 하고 난 뒤 자세한 이야기를 나누시지요."

"허허, 닥터 리는 역시 일에 있어선 프로페셔널하시군요. 우리 이란 사람들은 상견례부터 나눈 뒤 일을 시작하는데, 닥터 리는 역시 듣던 대로입니다. 대단하십니다. 허허."

맥을 보니 호흡기에 문제가 있어 보였다.

"여사님, 가장 큰 문제는 호흡기가 안 좋은 것입니다. 오래되었겠군요. 기침이 심할 텐데 괴로우셨겠어요?"

두 사람은 눈이 휘둥그레지며 의아한 표정으로 나를 쳐다보았다. 그러고 나서 하셰미 여사가 줄줄 자신의 병에 대해 이야기하기 시작했다.

"기침이 심합니다. 어쩔 때는 숨이 넘어갈 정도로 기침을 할 정도예요."

"증상으로 봐서는 쉽게 나을 수 있는 병이 아닙니다. 그동안 고생이 많으셨겠어요. 우선 결론부터 말씀드리면, 이 병을 치료하기 위해서는 장기적으로 꾸준히 치료해야 합니다. 꼭 그래야만 합니다."

그러자 옆에 앉아 있던 라프산자니 전 대통령이 대신 대답했다.

"꽤 오랫동안 약을 먹고 치료했는데도 낫지를 않아요. 그래서 닥터 리를 찾은 겁니다. 닥터 리는 골드 핑거라는 별명이 있을 정도로 실력이 출중하다고 들었어요. 그 손가락으로 우리 집사람을 좀 치료해주세요. 잘 부탁합니다."

정부 고위 관료라고 믿기지 않을 만큼 그는 정중하게 부탁했다.

"알겠습니다. 한동안 매일 치료 받으셔야 하는데, 언제가 편하시겠습니까?"

나는 하셰미 여사의 신비로운 두 눈을 보며 물었다.

"저는 아무 때나 좋아요. 닥터 리가 정하는 대로 따르겠습니다."

"그럼 제가 매일 아침 출근길에 들러 치료하면 어떨까요? 차라리 그 편이 나을 것 같습니다. 괜찮으신가요?"

그렇게 해서 나는 매일 아침 라프산자니 전 대통령 집에 들른 다음 병원으로 출근했다. 그렇게 6개월 동안 매일 그의 집을 찾아갔다. 비가 오나 눈이 오나 한 번도 빠진 적이 없었으며, 단 1분도 약속된 시간보다 늦게 간 적이 없었다. 대개 그의 집에 가는 시간은 아침 여섯 시 정도였다. 내가 집으로 들어가면 그는 보통 출근 준비를 하고 있었다.

"닥터 리, 반가워요. 오늘 치료 후 아침 식사나 같이 하시지요. 아직 식사 전이지요?"

그는 늘 나에게 호의를 베풀었다.

아침 식사는 파닐(양젖으로 만든 치즈), 라바시, 꿀, 호두, 차이(차)가 전부였다. 빵 조각에 꿀을 찍은 호두 한 쪽, 파닐 한 쪽을 싸서 먹고 난 뒤 차를 마신다. 쓴맛이 나는 차이는 각설탕을 한 개 입에 물고 마시면 쓴맛이 없어지고 독특한 향기가 입안 전체에 퍼졌다.

나는 그와 친구 이상으로 격의 없는 대화를 나눴다. 아마도 그가 나에게 깊은 신뢰의 마음을 보낸 것은 나의 성실함 때문이 아니었을까. 그만큼 나는 그와 막역한 사이가 되었다. 휴일에는 가끔 점심에 그의 집을 찾아가 오후 내내 머문 적도 많았다.

하루는 그에게 이런 질문을 한 적도 있었다.

"라프산자니 님, 예의 없는 질문일 수도 있겠지만, 혹시 아주 먼 조상 중에 동양에서 오신 분은 없으세요?"

이란에서 조상이나 뿌리를 운운하는 것은 굉장히 위험한 일이다. 하지만 나는 그럴 정도로 그와 허물없이 이야기를 나누었다. 그는 내게 이렇게 대답했다.

"그럴지도 모르지요. 하하. 오래전으로 거슬러 올라가면 내 조상들의 고향은 사막이거든요."

그는 보통 이란 사람들과 마찬가지로 사막에서 살아온 유목민을 조상으로 두고 있었다. 그의 성인 라프산자니는 그의 조

라프산자니 전 대통령의 큰딸 가족이 오기로 한 날
정원사들과 함께 그날 요리할 양을 살피고 있다 (1985년 4월)

상들이 살아온 동네 이름이다.

매일 새벽에 한 차례씩 만나다 보니 하셰미 여사와도 금세 친구가 되었다. 그 일을 계기로 우리는 20년 이상 자매처럼 가까운 사이로 지내고 있다. 하셰미 여사는 라프산자니 전 대통령 못지않게 범상치 않은 기상과 총명함을 가진 여성이다. 나는 이란에서 오랜 시간 의사로 살면서 아름다운 영화배우나 탤런트를 숱하게 만나봤지만 그녀처럼 아름답고 신비로운 눈을 가진 여성을 본 적이 없다.

예쁜 눈이라고 하면 뭔가 설명이 부족하다는 느낌이 들 만큼 그이의 눈은 매력적이었다. 맑고 총명하면서도 영리하고 자애로운 눈이었다. 하셰미 여사는 미인이지만 나는 특히 그 눈동자에 흠뻑 매료되었다. 같은 여성이 보기에도 그이는 엄청난 미모의 소유자였다.

하셰미 여사는 살림 솜씨, 음식 솜씨는 말할 것도 없고 이웃과 친지들에게 베푸는 마음씨도 넓고 깊었다. 정부 고위 관료 부인답지 않게 매사에 신중하게 처신한 데다 사물의 본질을 꿰뚫어 보는 능력이 있었다. 나는 그녀와 함께 있으면서 그녀의 일 처리 솜씨를 보고 감탄한 적이 한두 번이 아니었다. 만약에 남자로 태어났으면 이란에 엄청난 기여를 했을 인물이라고 생각한 적이 많았다.

또 내가 라프산자니 대통령 부부를 높게 평가하는 이유는 세속적인 이유 때문이 아니라 시간이 지나도 한결같은 그들의 생활 태도 때문이다. 그들은 대통령이 되기 전이나 된 후나, 또 영부인이 되기 전이나 된 후나 조금도 변함없이 똑같은 생활을 유지했다. 하셰미 여사는 영부인이 된 후에도 손수 밥을 짓고 요리를 하고 빨래를 했다. 풍습의 차이를 감안해도 흔히 볼 수 있는 모습은 아니다. 국회의장 시절 그의 집을 방문하면 그는 늘 옛날 유목민들이 사용했을 법한 허름한 비닐 돗자리에 앉아서 일반 사람과 똑같이 식사를 했다. 왕정 시절에는 요리사는 물론 서빙 직원까지 프랑스 등 유럽 각지에서 데리고 올 정도로 호화로웠던 것과 달리, 혁명 이후에는 모든 공직자들의 허례허식이 순식간에 사라졌다.

바삐 살아가다 보면 가끔씩 안부 전화를 하는 것을 잊어버리곤 한다. 그렇지만 하셰미 여사는 다르다. 바쁘기로 따진다면 나보다 더할 텐데도 그이는 자주 연락을 해온다. 수화기 너머로 그녀는 항상 "닥터 리, 지금 뭐 하세요?"라며 다정하게 묻는다. 아주 어려운 일은 아니지만 그렇다고 아무나 할 수 있는 일도 아니다.

내가 이란에서 18년이나 머물 수 있었던 것은 라프산자니 전 대통령 가족의 자상한 마음에 빚진 바가 크다. 그들의 자녀들은 나를 '이모'라고 부를 정도로 잘 따랐다. 그들을 만나지 못했다면 아마도 나는 한국으로 더 빨리 귀국했을 것이다. 물론 지금도 나는 그 가족과 자주 연락을 주고받는다. 비록 몸은 멀리 떨어져 있지만 여전히 그들은 나의 좋은 친구다.

라프산자니 전 대통령을 생각하니 그가 나에게 자주 들려주던 이야기가 생각난다.

"닥터 리, 세계는 하나입니다. 그리고 우리는 미래를 내다봐야 합니다. 현실이 어떻든 미래를 내다보는 눈을 길러야지요. 세상은 유리 상자와 같다고 생각합니다. 우리 이란도 그렇습니다. 우리가 하는 모든 것들을 세상 사람들이 똑같이 보고 있지요. 거짓이 추호도 있어서는 안 됩니다."

하늘이 두 쪽 나도 약속은 지켜야 한다

"닥터 이스파하니, 오늘 뭐 하세요? 저하고 누구 만나러 가실래요?"

"미안해요, 닥터 리. 저 오후에는 다른 병원에서 진료를 봐요. 미안해요."

"다른 병원에서 진료를요?"

그때 이란은 의사들에게 매우 이례적으로 '투잡(two job)'을 허용했다. 퇴근 이후 의사가 다른 어떤 일을 해도 아무런 상관이 없었다. 심지어 경쟁 병원에서 근무를 해도 그것이 법적, 사회적으로 아무런 문제가 되지 않았다. 왕실 병원 의사들은 12시 정각만 되면 의사 가운을 벗어던지고 부리나케 병원을 빠져나갔다. 처음에는 '무슨 일이 있는가' 하고 생각했는데, 사실인즉 오후에 다른 일을 하러 나가는 것이었다.

'어! 다들 뭔가를 하네. 나도 오전에만 근무하면 되니까 오후에는 다른 일을 해볼까?'

그때 내 눈에 들어온 것이 건설 회사였다. 내가 건설 회사를 경영하게 된 것은 순전히 우연한 계기에서였다.

나는 웬만한 음식은 집에서 만들어 먹었다. 고추장, 된장, 심지어 청국장도 만들어 먹었다. 이란 음식이 입에 맞지 않아서가 아니라 이따금 고향의 맛이 그리워서였다. 오랜 시간 타국 생활을 해본 사람은 내 심정을 이해할 수 있을 것이다.

그러나 매번 음식을 만들어 먹는다는 게 보통 힘든 일이 아니다. 어떤 때는 외식 생각이 간절했다. 당시 테헤란에는 한국 식당이 두 곳 있었다. 그 두 곳은 한국 음식을 만들어 먹기 힘들 때 찾아가는 안식처와 같은 곳이었다.

그날도 나는 한국 음식을 먹으러 한인 식당에 갔다.

"아주머니, 여기 김치찌개 하나 주세요."

앉자마자 나는 배가 고픈 나머지 주문부터 했다. 그러고는 식당 이곳저곳을 둘러보는데, 귀퉁이에 허름한 옷을 걸치고 거지처럼 몰골이 휑한 사람이 앉아 있었다.

'식당에 지저분한 거지가 들어왔네.'

이상하다 생각하고 다른 곳을 쳐다보는데, 그 사람이 계속 나를 흘깃흘깃 쳐다보고 있지 않은가. 그것도 한 번이 아니라 여러 번 계속 쳐다보았다. 나는 심히 불쾌했다.

'뭐 하는 사람인데, 사람 얼굴을 빤히 쳐다보는 거야? 밥 먹으려고 기다리는 사람 처음 보나. 아니면 내 음식이 먹고 싶어서 저러나?' 생각하는데, 그가 반대편 자리에서 벌떡 일어서더니 나에게 걸어왔다. 순간 겁이 덜컥 났다. '행여 해코지라도 하면 어쩌지' 하는 생각부터 들었다.

"너, 나 알지?"

그는 한국 사람이었다.

"누…… 누구요. 저요? 제가 그쪽을 어떻게 알겠어요. 말씀을 들어보니 한국 사람이군요. 그런데 저를 어떻게 아십니까?"

"에이, 맞네. 이영림, 너 영림이 맞지? 너 나 기억 못 하니? 나 몰라? 나, 찬호야."

그 사람 아버지와 내 아버지가 옛날에 각별한 사이였다고 했다. 6 · 25 이후 그들 가족이 피난을 와서 어려울 때 내 아버지에게 도움을 받았다. 그의 성은 박씨였다.

"아니, 그러고 보니 맞네요. 여기 웬일이세요? 그리고 이 옷차림은 뭐예요? 서울 간다고 한 뒤로 이게 몇 년 만이에요? 그동안 무슨 일이 있었던 거예요?"

"얘기하면 길어. 나 그동안 고생 참 많이 하고 살았다. 여기서 너를 만날 줄이야 나도 몰랐어. 가게 문을 열고 들어오는데 긴가민가하더라고. 반갑다."

그는 앉자마자 그동안 자신이 겪었던 일을 자세히 설명해주었다. 그는 서울에 올라가서도 열심히 공부해 유명 대학을 다녔다. 대학을 나와 직장 생활을 하던 중 친구가 함께 베트남에 가서 건설 회사를 해보자는 말에 다니던 직장을 그만두고 베트남에 건설 회사를 차렸다고 한다. 처음에는 발주 물량이 많아 사업이 생각보다 꽤 잘되었다. 그런데 공사 도중 베트남이 패망하면서 그는 졸지에 실업자 신세가 되었고 하루아침에 빚쟁이로 전락했다.

"어떻게 했겠어? 그때 베트남 피난민을 받아준 나라가 이란이었거든. 그래서 그때까지 모은 돈을 가방에 넣어 회사 직원과 함께 이란행 비행기에 탔는데, 여기 와서 보니 그만 직원하고 가방이 감쪽같이 사라진 거야. 하는 수 없이 밤에는 베트남 난민 피난소로 들어가 잠만 자고 낮에는 테헤란 시 이곳저곳을 기웃거리는 거지처럼 살아온 거지. 오늘은 하도 배가 고파 식당에 들어왔는데, 글쎄 여기서 너를 볼 줄이야……. 하늘이 나를 도왔구나."

그가 살아온 이야기를 듣는 순간, 내 눈가에 촉촉이 눈물이 고였다. 사람의 운명이 뭔지……. 한국도 아닌 이 먼 나라에서, 그것도 삶의 가장 낮은 밑바닥에서 나를 만나게 될 줄 누가 알았겠는가.

"그래서 이제 어떻게 할 거예요?"

"너도 보다시피, 지금 이 꼴로 내가 어떻게 한국으로 돌아가겠니? 이 모습으로는 비행기조차 탈 수 없어."

그가 너무나 불쌍하고 안돼 보였다.

"오빠가 할 수 있는 일이 뭐예요? 무엇을 할 줄 아는지 말씀해주시면 제가 여기저기에 일이 있는지 물어보기라도 할게요. 뭘 할 줄 아세요?"

"나야 뭐 건설이지. 건설밖에 할 줄 아는 게 있나."

"건설이오?"

순간 무엇인가가 내 머릿속을 스쳐 지나갔다.

'그렇지! 건설, 그거야. 건설 사업을 하면 되겠네. 건설 사업을 같이 해볼까.'

그는 대학에서 영문과를 졸업해 영어에 능통했다. 영어를 잘한다는 것은 이란에서 사업을 하는 데 유리했다.

"알았어요. 제가 지금 병원에서 얻어준 아파트에 살고 있거든요. 여기 주소로 오세요. 오셔서 건설 회사를 하면 왜 좋은지, 그리고 사업을 하려면 뭐가 필요한지 제게 간단히 설명해주세요. 그럼 제가 생각해보고 돈을 마련해볼게요."

그러자 그는 의아한 눈으로 나를 쳐다보았다.

"그러고 보니 너 정말 어르신을 많이 닮았구나. 그래 너희 아버지가 딱 너 같았어. 한번 결정하면 바로 실행하는 분이셨지. 영림이 너를 지금 보니 성격이나 뭐나 너희 아버지와 정말 꼭 닮았다."

다음 날 그가 나를 찾아왔다. 사업을 하는 데 필요한 것을 모두 적어서 말이다.

"이란에서 건설 회사를 차리려면 한 2만 달러만 있으면 된다는구나."

당시 내가 가진 돈은 10만 달러였다. 회사를 차리는 데는 아무런 어려움이 없었다.

"알았어요. 2만 달러는 제가 알아서 마련할게요. 그건 저에게 맡겨주세요."

당시 팔레비 왕정에서는 외국인도 세 사람 이상 모이면 회사를 설립할 수 있도록 했다. 외국인 투자를 유치하기 위해서였다. 물론 혁명 이후 이 조항은 없어졌다. 당시 내가 회사를 설립할 수 있었던 것도 팔레비 왕조 시대라 가능했던 것이다. 지금은 회사 설립을 할 때 주주 중에서 한 명은 본국인이어야 하고 회사에서의 주식 소유 지분은 본국인 51% 이상, 외국인은 49%까지만 허용된다고 들었다.

"그럼 다음은 일본 회사를 찾아가 지금 어떤 공사가 나왔는지 알아보세요. 그래야 회사를 운영하지 않겠어요?"

일주일 뒤 그는 이란 북부 지역에 고압선 가설 공사를 스미토모 일본 회사가 원청을 받아 시공 중인데, 그중에서 700만 달러에 해당하는 하청 공사를 대한전선(한국)이 하고 있다고 했다. 북쪽 고압선 공사에 이어서 이란 전국의 고압선 공사에 일본, 이탈리아, 독일 등 여러 곳에서 입찰을 했는데, 지금 일본의 H 전기 회사가 그 결과를 기다리고 있다고 설명했다.

그로부터 며칠 뒤, 나는 점심 식사 후 병원 이곳저곳을 거닐며 산책을 했다. 그날따라 하늘이 가을 하늘처럼 맑고 깨끗했다. 갑자기 병원 스피커에서 황급히 누군가를 찾는 목소리가 흘러나왔다.

"닥터 리, 닥터 리. 어디 계세요? 지금 이 방송을 듣고 계시면 빨리 병원장실로 오세요. 지금 당장…… 닥터 리……."

방송을 듣자마자 나는 외래 병원으로 한걸음에 달려갔다. 진료실 쪽으로 가니 이미 문밖에 침통을 들고 간호사가 서 있었다.

"어디 계셨어요? 닥터 리, 얼마나 찾았다고요."

"왜 그래요? 무슨 일인데요?"

"빨리 원장실로 가보세요. 지금 어떤 분께서 왕실 전용 입원실에 오셨다는데 급히 닥터 리를 찾으신대요."

원장실로 찾아가니 원장은 어디 갔었는지 묻지도 않고 내 손을 잡고 왕실 전용 입원실로 향했다.

"누군데 이렇게 서두르세요? 무슨 일인데요? 원장님!"

"지금 시간이 없으니 이유는 묻지 말고 갑시다. 시간이 없어요. 시간이……."

방문을 열고 들어서자 입원실 안에는 50대 중반으로 보이는 중년 남성이 침대에 누워 있었다. 나는 진맥부터 했다. 그러고는 간호사에게 병원에서 찍은 엑스레이 필름을 가져오라고 했다. 살펴보니 단순한 근육통이었다.

"단순한 근육통이군요."

"네, 그래요. 저는 독일에서 공부하고 돌아온 공학박사입니다. 그런데 이 통증이 해마다 이맘때면 나타납니다. 증상이 꽤 오래되었지요. 제가 그것 때문에 해마다 고생하고 있는데, 닥터 리가 한번 치료해줄 수 있겠습니까? 그렇지 않아도 이것 때문에 중국에 가서 치료를 받을까 생각했는데, 마침 당신이 이 병원에 근무한다고 하니 굳이 중국에 갈 필요가 없겠네요. 닥터 리가 도와주세요. 보건사회부 차관 말이 당신이 그렇게 침을 잘 놓는다면서요? 침 한번 놓으면 있던 병이 싹 사라진다고 소문이 자자하더군요."

곁눈질로 보니 병원장은 무조건 하라는 듯 눈을 지그시 감고 있었다. 부탁이지만 사실상 명령이나 다름없었다.

"아니요, 그건 과찬이십니다. 그런 말씀을 듣기에는 과분합니다."

나는 허리에 침부터 놓았다. 따끔했는지 그가 움찔했다. 그러고는 나에게 물었다.

"언제쯤 나을 수 있겠습니까? 닥터 리, 재촉해서 미안한데 몇 년째 고생하는 내 처지도 생각해주세요."

나는 그에게 침을 3회 정도 놓으면 충분히 낫게 할 자신이 있었다. 하지만 수년간 앓아온 질병을 단 세 번의 침 치료로 완치할 수 있다고 해봐야 상대방이 믿을 것 같지 않았다.

"하루건너 한 번씩 오세요. 지금부터 보름 정도는 걸리겠습니다."

"정말입니까, 닥터 리? 오케이! 그거야 문제없습니다."

다음 날 나는 회사 설립에 관한 절차를 밟았다.

이란에서 세웠던 동남건설회사의 한국인 직원들 (1980년 6월)

이틀 후 나는 침을 놓기 위해 그 환자를 다시 만났다. 침이 꽂힌 채 엎드려 있는 닥터 J에게 넌지시 물었다.

"죄송합니다만, 혹시 한 가지 여쭤봐도 될까요?"

"그러세요, 뭐든지."

"사실은 제가 건설 회사를 하나 운영하고 있는데요. 듣기로는 지금 일본 회사가 에너지성에서 발주한 공사에 응찰했다는데 그 결과가 언제 발표되는지 궁금해서요. H 회사로 낙찰이 되면 저희가 하청을 받을 수 있거든요."

그 전까지 상냥하던 그가 갑자기 말을 잃은 듯 조용해졌다. 몇 초 동안 뭔가를 생각하는 듯 그가 몸을 돌려 나를 빤히 쳐다보았다. 진지한 얼굴로 그는 나를 세 번씩이나 힐끗 쳐다보았다.

"닥터 리, 뭐 하나 물읍시다. 당신네 나라 한국에서도 의사가 이렇게 건설 회사를 운영하는 게 가능한가요?"

"네, 특별한 규정은 없습니다. 하지만 적성에 맞아야 가능하겠지요."

"그래요, 맞아요. 지금 공사 입찰이 진행 중입니다. 아침에도 내 책상에서 검토하고 왔는데, 일본 기업들이 일을 꼼꼼하게 잘한다는 게 사실인가요? 본인들은 굉장히 강조하던데 말이지요."

"네, 그건 사실입니다. 일본 사람들이 대체로 꼼꼼하고 차분한 편이지요."

필자가 설립한 동남건설이 이란 북쪽 네카에 건설한 송전탑 (1984년)

"그런가요? 그럼 제가 최선을 다해보겠습니다."

그 후 나는 일본 회사에서 하청을 받게 되었다.

이틀 후 세 번째 치료가 있는 날, 나는 닥터 J에게 H 회사 이란 현지 지사장인 스즈키가 직접 쓴 서약서를 내밀었다.

그렇게 나는 설계, 자재, 건설 등이 포함된 7억 달러짜리 공사를 수주했다. 당시 우리나라 수출 총액이 1억 달러를 넘지 못하던 시절인 것을 감안할 때 엄청나게 규모가 큰 공사였다. 나는 1차로 하청 공사 금액으로 3,000만 달러를 받았다. 당시 대기업이었던 한국의 모 회사가 1,000만 달러 미만의 공사를 낙찰 받은 적이 있다. 이와 비교하면 나의 건설 회사는 첫출발이 정말 좋은 셈이었다.

나는 현지인 2,000명, 한국인 250명이 근무하는 건설 회사를 설립했다. 한의사가 아닌 기업 경영자로서 첫발을 내디딘 것이다. 나는 혁명 이후에도 변함없이 공사를 진행했다. 당시 대한민국 대사관이 현장 철수를 권했지만 나는 끝까지 응하지 않았다. 그것이 내가 생각하는 신의였기 때문이다. 어떤 경우에도 약속을 끝까지 지키는 것, 지금까지 내가 기업이나 병원을 운영하면서 가장 중요하게 여기는 것이다. 천재지변이 일어난 것이 아닌 마당에 기업과 기업, 국가와 국가, 개인과 개인 간의 약속을 어기는 것은 있을 수 없는 일이다. 이란과 그 이후에도 오랜 기간 신의를 유지할 수 있었던 것도 다 그런 이유 때문이 아니었을까 싶다.

못 말리는 여걸 사장님

"안 되는 건 절대로 안 되는 겁니다. 돌아가신 아버지가 살아 돌아오셔서 아야 고마해라 말씀하셔도 안 되는 겁니다, 이건!"

주이란 한국대사관 참사관 책상을 내리친 뒤 나는 방문을 걷어차고 나왔다.

사건의 전말은 이랬다. 당시 내가 세운 동남건설은 이란 사회에서 큰 화제를 모았다. 돈 한 푼 없이 회사를 차린 내가 하루아침에 수백억 원짜리 공사를 따낸 것은 이란 사람들이 보기에도 놀라웠기 때문이다. 그러나 내 공사 수주를 더 배 아파한 것은 안타깝게도 현지에 사는 우리 동포들이었다.

공사를 수주하자마자 나는 한국에서 전문 인력을 공급 받았다. 내게 인력을 제공한 신 사장은 시간이 지날수록 내 사업에

탐을 내기 시작했다. 당시 내가 따낸 공사 기간은 5년이었지만 추후 5년 동안 하자 보수를 하는 것이 의무였다. 그리고 이 공사만 잘 끝내면 2, 3차 공사를 수주하는 데도 어려움이 없었다.

신 사장이 근로자들을 유혹한 것은 공사가 시작된 지 얼마 지나지 않아서였다. 현장 인력을 대표하는 사람 서너 명이 느닷없이 내 사무실을 찾아와 일방적으로 사직을 통보했다.

"지금 뭐 하는 겁니까? 공사 시작한 지 일 년도 안 됐는데, 이게 뭐 하는 거예요? 그리고 뭐요? 퇴직금을 달라고요? 당신들이 한 게 뭐가 있는데? 지금 이 상황에서 나가면 도리어 내가 당신 회사에서 위약금을 받아낼지 모릅니다. 아시겠어요?"

직원들이 단체로 들고일어나면 내가 순순히 물러날 줄 알았는지 현장 직원들이 받은 충격은 상당했다. 당시 나는 원칙을 들고 나섰다. 이대로 물러서면 한도 끝도 없이 물러서야 하며, 그렇게 되면 제때 공사를 진행하는 것은 애초부터 기대하기 어려울 것이라고 생각했다.

"그래서 지금 돈을 못 주시겠다는 건가요? 이 양반이 보자 보자 하니까, 지금 사태 파악이 제대로 안 되나 보죠? 평생 막노동판에서 살아온 우리하고 지금 한번 해보시겠다는 겁니까?"

나는 절대로 물러서지 않았다. 맞아서 쓰러질지언정 뒤로 물러서는 일은 내 사전에 없었다

"내가 지금 여기까지 어떻게 왔는데요? 여기 이란에 500만 원 빚을 내서 온 사람이에요. 지금 이 자리까지 오기 위해 얼마나 고생했는데, 당신들 협박에 넘어갈 것 같아요? 다들 내 동생이고 조카들 같아서 나간다면 여비 정도는 마련해줄 수 있지만, 퇴직금이라니요? 그건 꿈도 꾸지 마세요!"

나는 자리를 박차고 나갔다. 현장 근로자들은 내 말을 듣고는 어이가 없다는 듯 서로 얼굴만 쳐다보았다. 예상 밖의 대응에 당황한 기색이 역력했다. 자리를 박차고 나가는 나에게 고함을 치기는커녕 고개만 떨구었다.

그길로 현장 작업은 전부 멈췄다. 200여 명에 달하는 한국 근로자들은 단체로 버스를 빌려 타고 테헤란에 위치한 한국 대사관으로 몰려갔다. 그들은 대사관으로 찾아가 내가 부당하게 밀린 급여를 주지 않는다며, 대사관 차원에서 조속한 조치를 취해줄 것을 요구했다. 나는 당시 그들이 주도면밀하고 일사불란하게 움직이는 것을 보고 분명 누군가 뒤에서 조종하는 세력이 있다고 직감했다.

"지금 무슨 소리 하는 거예요? 정작 내가 손해 보게 생겼는데……. 그 사람들이 제 발로 다시 찾아오기 전에 받아주는 일은 절대로 없을 테니 그렇게 아세요. 나갈 때는 자기들 발로 나갔지만 들어올 때는 맘대로 못 합니다."

며칠 뒤 한국대사관에서 연락이 왔다.

"닥터 리시지요? 여기 대사관입니다. 내일 대사관으로 좀 와주셔야겠습니다. 저는 참사관 ○○○입니다."

"대사관에서 왜 나를 찾는 거지요?"

"지금 닥터 리 회사에서 근무하는 근로자들이 집단으로 대사관에 찾아와 항의를 하고 있어요. 대사님께서도 이 문제를 빨리 처리하라고 하십니다."

"네, 알겠습니다. 내일 대사관에서 뵙겠습니다."

다음 날 나는 대사관으로 찾아갔다. 전날 나와 통화한 참사관은 나를 자신의 사무실로 안내했다.

"지금 저들의 행동을 보면 누군가에게 사주를 받은 것이 틀림없습니다. 대사관에서 그런 일을 확인해주셔야지 지금 나한테 사과하라고 하면 어떻게 합니까?"

"네, 그래서 저희도 저들의 행동이 수상쩍어 뒷조사를 해보니 인력 송출업체 신 사장이 있더군요."

"신 사장이오?"

신 사장은 당시 집권당 출신 유력 정치인의 경호원 출신으로 애초부터 나는 그가 그리 맘에 들지 않았지만 하는 수 없이 그가 제공한 인부들을 쓰고 있었다. 그런데 그가 내 뒤통수를 치며 내 사업을 빼앗으려 하다니 화가 머리끝까지 치밀었다. 하지만 이 상황에서 화를 낼 수는 없는 노릇이었다. 일단 자초지종부터 살펴보기 위해 나는 끓어오르는 화를 누그러뜨렸다.

"확실한가요? 신 사장이 그런 게……."

"네, 그런데 그게 좀 간단치가 않습니다. 그 사람이 저희를 찾아와서 ○○부 ○ 국장님과의 친분을 과시하고 있어요. 닥터 리는 잘 모르시겠지만, ○ 국장이라는 분이 꽤 영향력이 센 분이라서 저희도 어떻게 할 수가 없습니다. 아시잖아요? 이런 게 다 그런 거……."

참사관은 씩 웃으며 나에게 사탕 하나를 건넸다. 그때 얼굴이 까무잡잡한 남자 한 명이 사무실로 들어왔다.

"오! 마침 오셨군요. 인사하세요, 닥터 리, 이분은 이란에서 근무하고 있는 ○○부 직원입니다. 보안상 성함을 알려드릴 수 없는 것을 이해하세요."

그와 악수를 나눈 뒤 이야기는 계속 이어졌다. 시간이 갈수록 참사관은 내가 왜 공사를 포기해야 하는지, 그리고 포기하지 않을 경우 어떤 문제가 생길 수 있는지에 대해 자세히 설명했다. 처음에는 설득처럼 보였지만, 이야기를 들으면 들을수록 협박조로 들렸다.

"닥터 리, 아시잖아요? ○○부가 우리나라에서 뭐 하는 곳인지……. 여기 해외라도 다를 게 없습니다. 더군다나 ○ 국장님은 여기 ○○부에서도 실세 중의 실세예요. 그러니 이쯤에서 합의를 보시는 게 어떻습니까? 닥터 리가 좀 양보하시지요."

"무슨 말씀을 하시는 거예요? 어떻게 따낸 공사인데 통째로 넘기라는 겁니까? 나는 죽어도 못 해요. 죽어도 못 합니다."

동남건설회사의 네카 송전탑 건설공사 현장을 돌아보고 있다 (1984년)

나는 책상을 내리치며 그에게 말했다. 하도 화가 나 그렇게 하지 않고는 분을 다스릴 길이 없었다. 이야기를 쭉 듣고 있던 ○○부 직원이 돌연 입을 열었다.

"거참, 말귀를 못 알아듣네. 그렇게 하라면 좀 그렇게 하라고요. 어이, 참사관, 됐어. 그냥 이 건은 우리한테 넘겨. 알잖아? ○ 국장님이 내 상사인 거. 나도 마냥 기다릴 수는 없어. 신 사장이 정말 ○ 국장님과 친분이 두터운 사이라면 이 건은 빨리 처리해야 해."

순간 화가 머리끝까지 치밀어 올랐다. 이제는 정보기관까지 나서서 내 사업을 방해한다는 것에 나는 한없이 화가 났다.

"이 사람들이 지금 뭐 하는 거야? 도대체 ○○부가 하는 일이 뭔데요? 빨갱이 잡으라고 여기 보낸 거 아냐? 이봐요! 내가 이래 봬도 독립운동가 딸이야. 우리 아버지가 독립운동가셨고, 6·25 때는 빨갱이 잡는 일에 공을 세운 분이라고. 믿지 못하겠으면 확인해보든지. 그런데 지금 나를 협박해? 오케이, 그럼 이렇게 합시다. 당신들은 당신네 마음대로 해봐요. 내가 지금부터 딱 3시간 안에 이란으로 국적을 바꿀 테니까. 그렇게 해도 당신들 원하는 대로 할 수 있는지 어디 두고 봅시다."

대사관이 떠나갈 듯 소리를 지르고는 자리를 박차고 나왔다. 참사관과 ○○부 직원은 어이가 없다는 듯 나를 바라보았다. 사무실 문을 나서기 직전 나는 뒤를 돌아보며 그들에게 말했다.

"그리고 이거 한 가지만 말해둘게요. 아시지요? 이란 내에서 내가 퇴직 허가를 하지 않는 한 다른 일자리에 갈 수는 없습니다. 노동법대로 일을 해야지요."

그 후 그들 근로자는 2개월간 테헤란에서 여관 생활을 하다가 내가 수속을 밟아 한국으로 돌아갔다. 물론 그 기간 중에 발생하는 비용은 모두 신 사장의 책임이었다. 사건 해결이 지체되자 신 사장은 여러 경로를 통해 협박해왔다. 하지만 나는 일언지하에 모든 요구를 거절했다. 한국 근로자들을 대신해 인도, 이란 근로자들로 현장을 채워도 모든 것이 정상적으로 돌아갔기에 나는 아쉬울 게 없었다.

기간이 두 달을 넘자, 신 사장 측은 조금씩 지쳐가는 모습이 역력했다. 그로부터 며칠 뒤 대사관에서 연락이 왔다. 이번에는 ○○○이 전화를 걸어왔다.

"무슨 일이지요? 지난번에는 참사관님이 오라고 해 협박을 하시더니, 이제는 ○○○님이 하실 건가 보지요?"

"닥터 리, 무슨 오해가 있으셨나 보군요. 저간의 사정을 알아보니, 우리 대사관 쪽에서 결례를 많이 범한 것 같습니다. 지금 닥터 리가 겪고 계신 문제에 대사관은 전혀 관여를 하지 않을 것이니 걱정 마십시오."

어수선했던 공사 현장은 그렇게 빠르게 정상을 되찾아갔다. 그들은 결국 출국 허가를 받고 본국으로 귀환했다.

제 4 장

나라 사랑의 한길로

사랑을 실천하는 효애실천운동본부

1994년 영구 귀국한 후 나는 달라진 조국의 변화상을 온몸으로 느껴야 했다. 먹고살기 힘들 정도로 가난했던 과거와 달리 사회 곳곳에 풍요로움이 배어 있었다. 이란으로 갈 때 대한민국은 일인당 국민소득이 얼마 되지 않는 세계 최빈국 가운데 하나였지만 다시 돌아왔을 때의 모습은 전혀 그렇지 않았다. 대신에 우리의 도덕성과 윤리는 매우 위험한 상태에 있었다. 지금에 와 돌이켜보면 가난했지만 물질을 떠나서 정신적 자산이 풍부했던 옛날이 더 좋았던 면도 있는 것 같다. 아이들은 어른을 공경하고 어른은 아이들을 다독거리는 것이 당연했던 우리의 미풍양속이 사라져버린 것 같아 안타까웠다.

나는 한국에 영구 귀국하면 선진국형 노인 요양원을 지을 계획이었다. 그럴 생각에 충청남도 금산에 임야 40만 3,000평

효애실천운동본부 발기식에서 (2002년 7월)

을 준비해두기도 했다. 하지만 그보다 더 시급한 것이 있다는 것을 알기까지 그리 오랜 시간이 걸리지 않았다. 어찌 보면 선진국형 요양 시설보다 노인들에게 더 필요한 것은 땅에 떨어진 윤리와 도덕을 회복하는 일이었다.

귀국 후 내가 서울에서 본 모습은 차라리 충격적이었다. 거리를 지나가며 행인과 몸이 부딪쳐도 모른 척하고, 대중목욕탕에서 옆 사람에게 찬물을 끼얹고도 태연하며, 지하철에서 자리를 양보하기는커녕 상스런 말까지 남발하는 사람들. 어디 그뿐인가? 백화점에 가보면 젊은 엄마들이 가격표도 확인하지 않고 고가의 물건을 척척 사들이면서도 공공장소에서 떠들고 소리 지르는 아이를 나무라지 않았다.

나는 환자의 질병을 치료하거나 노인들을 편히 모시는 기관을 만드는 것보다 우리 마음과 정신에 든 병을 먼저 치료해야겠다고 생각했다. 내가 무엇보다 중요하게 여기는 것은 아이를 가진 부모들, 특히 젊은 엄마들의 의식이 바뀌어야 한다는 것이었다. 너나없이 자기 아이만 최고라 생각하고 남을 배려하지 않고 어른 공경을 하지 않으니 아이들이 예의도 모른 채 버릇없이 자라는 것 아니겠는가?

올바른 예절은 국제 교육의 기초이다. 그런데 요즘은 그것을 너무 등한시하는 게 문제다. 하루는 지인들과 이런 문제로 이야기를 나누고 있었다.

"요즘은 행사에 가면 고개를 빳빳이 들고 인사조차 하지 않

효애실천운동본부 창립총회 (2002년 11월, 앞줄 왼쪽에서 네 번째가 필자)

는 후배들이 참 많아요. 윗사람이 먼저 알아서 찾아오길 바라는데 참 답답하더군요."

그러자 모임에 참석한 한 지인이 이렇게 말했다.

"그럼 이 원장이 모임 하나 만들어봐. 떨어진 도덕과 윤리를 회복시키기 위한 단체 말이야."

그의 말이 뇌리에 빙빙 돌았다.

1994년 영구 귀국했을 때 신상주 교수님은 이미 세상을 떠난 뒤였다. 이란에서 생활하는 것이 바빠서 제대로 찾아뵙지 못한 것이 너무나 아쉬웠다. 한국을 떠날 때는 가난했지만, 돌아왔을 때는 나와 마찬가지로 대한민국도 어느새 부유한 나라가 되어 있었다. 내 나라에 돌아왔으니 뭔가 조국과 민족을 위한 일을 찾아서 하고 싶었다. 이란에 가기 전 신 교수님은 늘 내게 이런 말씀을 하셨다.

"영림아, 이란에 가서 돈 많이 벌면 우리 그 돈으로 연구해 노벨상 한번 받아보자. 그러려면 많이 배워야 한다. 아무리 바빠도 말이지. 아마 우리 한의학에 도움이 될 게 많을 게다. 그렇게 해서 우리 조국 대한민국에 노벨상으로 보답하자."

그렇게 큰 꿈을 함께 꾸었던 신 교수님이 세상에 안 계시다고 생각하니 모든 것이 너무나 허망했다. 마치 인생의 절반이 떨어져 나간 듯했다. '신 교수님도 안 계신데 차라리 이란으로 돌아갈까. 이젠 내가 이 땅에서 할 게 없어. 이란에 가서 열심히 일하다 거기서 내 삶을 마감하지 뭐' 하는 생각으로 마음을 다잡지 못하고 있던 차였다.

그때 내 눈에 들어온 것이 땅에 떨어질 대로 떨어진 대한민국의 윤리와 도덕이었다. 신 교수님이 주신 희망은 그렇게 다른 모습으로 내게 다가왔다. 돌이켜보면 정말 운명적인 만남이었다고 할 수 있다.

'안 되지. 이 나라가 이렇게 되면 안 되지. 내가 먼저 해서 따라오면 그만이고…… 어쨌든 일단 해보자.'

나는 2002년 11월에 서로 뜻이 맞는 이들을 모아 효애(孝愛)실천운동본부*를 만들었다. 내가 만든 효애실천운동본부는 찬조금이나 회원들의 회비를 받지 않고 모두 내 사재로 운영된다. 이 단체를 통해 나는 학생들뿐 아니라 젊은 엄마들을 위한 효행 관련 교육도 체계적으로 펼치고 있다. 나는 확신한다. 도덕이 떨어진 나라는 절대로 강대국이 될 수 없으며, 윤리가 바닥을 기는 나라는 절대로 성장할 수 없다고.

지금 우리 사회는 인성 교육에 많은 문제가 있다. 아이를 기르는 어머니조차 정신이 올바르지 않다. 그저 편한 것만을 찾는다. 나는 인성 교육만은 옛것을 본받아야 한다고 생각한다. 나는 지금도 젊은이들을 만나면 이렇게 말한다.

---

* 2002년 7월 발기인 대회를 갖고, 그해 11월 창립총회를 통해 필자를 초대 총재로 추대하였다. 이후 이 운동본부는 매년 효행자 발굴 및 포상, 효애 사랑 캠페인, 자원봉사 등 여러 활동을 지속하고 있다.

효애실천운동본부에서 선발한
제1회 효행상 수상자들과 함께 (2003년 5월)

"이웃을 사랑하고 어른을 공경하는 마음은 타고난 성품이라기보다 교육의 힘이 더 중요합니다. 이제라도 교육을 통해 아이들이 곧고 바른 인격체로 자라도록 한다면 범죄도 줄고 아름다운 나라가 될 것입니다. 그 어떤 법이나 제도보다 가정에서 이루어지는 부모의 교육, 특히 어머니들의 효 교육이 제일 중요합니다."

국가안보포럼과 나라 사랑

한번은 지인과 더불어 서초포럼이라는 모임에 갔다. 그 후 한 달에 한 번씩 모임에 가곤 했는데, 어느 날 모임을 소개한 지인이 아무래도 모임의 운영 방법을 바꾸면 좋겠다면서 내가 한번 맡아보면 어떻겠느냐고 제의를 해왔다. 워낙 갑작스런 제안이라 무슨 말을 해야 할지 몰랐다. 그날은 아무런 답변도 하지 못한 채 식사를 마친 뒤 그대로 헤어졌다. 다음번 모임에서 지인은 따로 자리를 마련하여 보다 구체적으로 내게 모임을 맡아달라고 부탁했다. 그제야 나는 평소 생각한 바가 있으니 모임의 명칭에 '안보'를 꼭 넣자고 제의했고, 제안을 받아준다면 모임을 맡아보겠다고 말했다. 그 자리에서 곧바로 서로 합의가 되었고, 모임의 이름을 '서초안보포럼'으로 정하고 내가 이사장 자리를 맡게 되었다.

국가안보포럼의 신년 국립서울현충원 참배 (2016년 1월)

몇 개월 뒤 우리는 법인 등록을 하였고, 다시 몇 개월 뒤에 이름을 '국가안보포럼'으로 바꾸었다. 우리 회원들은 함께 뜻을 모아 연사 초청 강연회를 여는 등 여러 가지 행사를 통해 국가 안보를 위해 꾸준히 노력하고 있다.

돌이켜 생각해보면 아주 잘된 일이었다. 국가안보포럼의 이사장직을 맡은 것은 내가 이 나라를 위해 할 수 있는, 나만의 나라 사랑 방법이었다.

'내가 여기 왜 다시 왔을까? 이란에 있었으면 더 편하게 살았을 텐데…….'

사실이 그랬다. 이란에서 내 생활은 지금 한국에서보다 훨씬 더 안정되어 있었다. 사회 원로로서 이란의 최고 지도층과 친분을 쌓을 수 있는 길도 굉장히 많았다. 물론 경제적으로도 불편함을 모를 만큼 큰 부를 쌓았다. 그럼에도 내가 한국으로 영구 귀국을 선택한 것은 오로지 하나, 내 가슴속에 있는 '한국인'이라는 자부심 때문이었다. 편안한 노후, 엄청난 부와 명예도 사랑하는 조국 앞에서는 아무런 의미가 없었다.

수구초심(首丘初心)이라고 하지 않던가. 나이가 들고 시간이 지날수록 고향이 그리웠고, 그리운 조국에서 함께 지낸 지인들이 생각나지 않을 수 없었다. 죽더라도 고향 땅에 묻히고 싶은 마음에 돌아온, 꿈에도 그리던 대한민국은 내가 이란으로 떠날 때와는 비교도 할 수 없을 만큼 발전되어 있었다. 전 세계 수많은 이들의 찬사를 한 몸에 받으며 대한민국은 세계에서 손꼽히는 가난한 나라에서 가장 빨리 성공한 나라가 되어 있었다.

그러나 찬사에 도취되어 있을 때 위기는 찾아온다. 오히려 우리들의 바른 정신인 효애(孝愛) 정신은 길바닥에 내동댕이쳐졌고, 북한과의 대치가 여전한 상황은 내 가슴을 더욱 옥죄었다. 조국이 없다면 나의 부와 명예가 다 무슨 소용이란 말인가? 이는 돌아가신 아버지의 생각이기도 하다. 평생을 조국 독립을 위해 헌신하셨던 아버지는 자신과 가족보다 나라를 더 사랑하셨다. 부모님께 물려받은 재산을 자기 자신과 가족의 안녕을 위해 사용하지 않고 조국을 위해 헌납한 것, 그러면서도 자신의 노고를 남에게 알리지 않으려고 노력한 것은 참으로 대단하다. 나도 아버지의 신념에 전적으로 동감한다.

이제 내 삶도 점차 종착역을 향해 다가가고 있다. 나의 삶도 언젠가는 끝이 날 것이다. 그러나 젊은 날 내가 큰 꿈을 꾸고 숱한 위기와 고난 속에서도 끝까지 버텨낼 수 있었던 것은 바로 사람을 존중하는 마음과 조국에 대한 사랑이 있었기에 가능했다. 평생을 한의학과 함께하며 배운 것이 사람에 대한 존중이라면, 이란에서 돌아와 내 자신의 삶을 돌아보게 만든 것은 바로 조국 대한민국에 대한 사랑이었다. 그것이 진정 오늘의 나를 만들었다고 해도 과언은 아닐 것이다.

어느덧 내 나이도 칠십을 훌쩍 넘기고 보니 '생의 정리'라는 데 생각이 이르지 않을 수 없다. 오래전부터 모교의 후학

기부약정식을 가진 뒤
조인원 경희대 총장, 김남일 한의대학장과 함께 (2016년 12월)

들, 곧 대한민국의 미래 일꾼들을 양성해 국가 기반을 튼튼히 해야 한다는 책임감 같은 것을 느껴왔다. 그러던 차에 드디어 2016년 말 모교인 경희대에 부동산과 소장품 등 1,300억 원 상당의 재산을 기부하게 되었다. 경희대는 이 기부금을 한의대와 한방병원 발전을 위해 쓰고, 충남 금산에 한의보건의료타운을 조성할 계획이다. 일생 동안 모은 얼마 안 되는 재산이지만 내 모교에 기부할 수 있어서 얼마나 기쁜지 모르겠다. 행운이 이번에도 나를 보살펴준 것이다. 항상 나를 따르는 이 특별한 복이 있어 오늘도 나는 더없이 행복하다.

골드 핑거, 신이 내린 한의사

초판1쇄 발행 2018년 10월 29일
초판2쇄 발행 2020년 3월 3일

지은이 이영림
기획 청강한의학역사문화연구센터
펴낸이 한균태
펴낸곳 경희대학교 출판문화원

주소 서울시 동대문구 경희대로 26
전화 02-961-0106~8, 팩스 02-961-0291
설립 1960년 9월 16일 제5-8호
등록 1977년 11월 8일 제6-5호
홈페이지 www.khupress.com
전자우편 press@khu.ac.kr

ISBN 978-89-8222-545-1 03990